ठुमरी

ठुमरी

फणीश्वरनाथ रेणु

राजकमल प्रकाशन

ISBN : 978-81-267-0559-7

मूल्य : ₹ 695

पहला संस्करण : 1959
पन्द्रहवाँ संस्करण : 2024

प्रकाशक : राजकमल प्रकाशन प्रा.लि.
1-बी, नेताजी सुभाष मार्ग, दरियागंज
नई दिल्ली-110 002
शाखाएँ : अशोक राजपथ, साइंस कॉलेज के सामने, पटना-800 006
पहली मंजिल, दरबारी बिल्डिंग, महात्मा गांधी मार्ग, प्रयागराज-211 001
1, अनमोल सोराबजी संतुक लेन, धोबी तलाव, मरीन लाइंस, मुम्बई-400 002

वेबसाइट : www.rajkamalprakashan.com
ई-मेल : info@rajkamalprakashan.com

अन्दर के चित्र : विक्रम नायक

मुद्रक : बी.के. ऑफसेट
नवीन शाहदरा, दिल्ली-110 032

THUMARI
Stories by Phanishwar Nath 'Renu'

तेरे लिए—
मैंने लाखों के बोल सहे...!

स्वरलिपि

इस संग्रह में ठुमरी नाम की कोई कहानी नहीं;
सभी संयोजित कहानियाँ ठुमरी धर्मा हैं।
अन्तर्मार्ग एक ही है सभी कथाओं का।

[...गीत के अन्तर्भाग में, बीच-बीच में विभिन्न स्वरों के प्रयोग से जो वैचित्र्य और कारु-कार्य सम्पादित होता है, उसको अन्तर्मार्ग कहते हैं।]

एक स्वर को लेकर, विभिन्न स्वरों से उसकी क्रमिक संगति दिखला-दिखलाकर ही किसी राग के रूप को प्रकाशित किया जाता है।

ठुमरी के कथागायक ने ऐसी चेष्टा की है। एकाधिक कथाओं में, एक ही विशेष मुहूर्त को विभिन्न परिवेश में रखकर, रूपायित किया गया है।...पौनःपुनिकता दोष से दूषित नहीं।

अनुक्रम

रसप्रिया

धूल में पड़े कीमती पत्थर को देखकर जौहरी की आँखों में एक नई झलक झिलमिला गई—अपरूप-रूप!

चरवाहा मोहना छौंड़ा को देखते ही पँचकौड़ी मिरदंगिया के मुँह से निकल पड़ा—अपरूप-रूप!

...खेतों, मैदानों, बाग-बगीचों और गाय-बैलों के बीच चरवाहा मोहना की सुन्दरता!

मिरदंगिया की क्षीण-ज्योति आँखें सजल हो गईं।

मोहना ने मुस्कराकर पूछा, "तुम्हारी उँगली तो रसपिरिया बजाते टेढ़ी हुई है; है न?"

"ऐं!"–बूढ़े मिरदंगिया ने चौंकते हुए कहा, "रसपिरिया?...हाँ...नहीं। तुमने कैसे...तुमने कहाँ सुना बे...?"

'बेटा' कहते-कहते वह रुक गया।...परमानपुर में उस बार एक ब्राह्मण के लड़के को उसने प्यार से 'बेटा' कह दिया था। सारे गाँव के लड़कों ने उसे घेरकर मारपीट की तैयारी की थी–'बहरदार होकर ब्राह्मण के बच्चे को बेटा कहेगा? मारो साले बुड्ढे को घेरकर!...मृदंग फोड़ दो।'

मिरदंगिया ने हँसकर कहा था, 'अच्छा, इस बार माफ़ कर दो सरकार! अब से आप लोगों को बाप ही कहूँगा।'

बच्चे खुश हो गए थे। एक दो-ढाई साल के नंगे बालक की ठुड्डी पकड़कर वह बोला था, 'क्यों, ठीक है न बापजी?'

बच्चे ठठाकर हँस पड़े थे।

लेकिन, इस घटना के बाद फिर कभी उसने किसी बच्चे को बेटा कहने की हिम्मत नहीं की थी। मोहना को देखकर बार-बार बेटा कहने की इच्छा होती है।

"रसपिरिया की बात किसने बताई तुमसे?...बोलो बेटा!"

दस-बारह साल का मोहना भी जानता है, पँचकौड़ी अधपगला है।... कौन इससे पार पाए! उसने दूर मैदान में चरते हुए अपने बैलों की ओर देखा।

मिरदंगिया कमलपुर के बाबू लोगों के यहाँ जा रहा था। कमलपुर के नन्दूबाबू के घराने में अब भी मिरदंगिया को चार मीठी बातें सुनने को मिल जाती हैं। एक-दो जून भोजन तो बँधा हुआ है ही; कभी-कभी रस-चरचा भी यहीं आकर सुनता है वह। दो साल के बाद वह इस इलाके में आया है। दुनिया बहुत जल्दी-जल्दी बदल रही है।...आज सुबह शोभा मिसर के छोटे लड़के ने तो साफ-साफ कह दिया–'तुम जी रहे हो या थेथरई कर रहे हो मिरदंगिया?'

हाँ, यह जीना भी कोई जीना है? निर्लज्जता है; और थेथरई की भी

सीमा होती है।...पन्द्रह साल से वह गले में मृदंग लटकाकर गाँव-गाँव घूमता है, भीख माँगता है।...दाहिने हाथ की टेढ़ी उँगली मृदंग पर बैठती ही नहीं है, मृदंग क्या बजाएगा! अब तो, 'धा तिंग धा तिंग' भी बड़ी मुश्किल से बजाता है।...अतिरिक्त गाँजा-भाँग सेवन से गले की आवाज विकृत हो गई है। किन्तु मृदंग बजाते समय विद्यापति की पदावली गाने की वह चेष्टा अवश्य करेगा।...फूटी भाथी से जैसी आवाज निकलती है, वैसी ही आवाज–सों-य, सों-य!

पन्द्रह-बीस साल पहले तक विद्यापति नाम की थोड़ी पूछ हो जाती थी। शादी-ब्याह, यज्ञ-उपनैन, मुंडन-छेदन आदि शुभ कार्यों में विदपतिया मंडली की बुलाहट होती थी। पँचकौड़ी मिरदंगिया की मंडली ने, सहरसा और पूर्णिया जिले में काफी यश कमाया है। पँचकौड़ी मिरदंगिया को कौन नहीं जानता! सभी जानते हैं, वह अधपगला है!...गाँव के बड़े-बूढ़े कहते हैं–'अरे, पँचकौड़ी मिरदंगिया का भी एक जमाना था!'

इस जमाने में मोहना-जैसा लड़का भी है–सुन्दर, सलोना और सुरीला!...रसप्रिया गाने का आग्रह करता है, "एक रसपिरिया गाओ न मिरदंगिया!"

"रसपिरिया सुनोगे?...अच्छा सुनाऊँगा। पहले बताओ, किसने..."

"हे-ए-ए हे-ए...मोहना, बैल भागे...!" एक चरवाहा चिल्लाया, "रे मोहना पीठ की चमड़ी उधेड़ेगा करमू!"

"अरे बाप!" मोहना भागा।

कल ही करमू ने उसे बुरी तरह पीटा है। दोनों बैलों को हरे-हरे पाट के पौधों की महक खींच ले जाती है बार-बार।...खटमिट्ठा पाट!

पँचकौड़ी ने पुकारकर कहा, "मैं यहीं पेड़ की छाया में बैठता हूँ। तुम बैल हाँककर लौटो। रसपिरिया नहीं सुनोगे?"

मोहना जा रहा था। उसने उलटकर देखा भी नहीं।

रसप्रिया!

विदापत नाचवाले रसप्रिया गाते थे। सहरसा के जोगेन्दर झा ने एक बार विद्यापति के बारह पदों की एक पुस्तिका छपाई थी। मेले में खूब बिक्री हुई थी रसप्रिया पोथी की। विदापत नाचवालों ने गा-गाकर जनप्रिया बना

दिया था रसप्रिया को।

खेत के 'आल' पर झरजामुन की छाया में पँचकौड़ी मिरदंगिया बैठा हुआ है; मोहना की राह देख रहा है।...जेठ की चढ़ती दोपहरी में खेतों में काम करनेवाले भी अब गीत नहीं गाते हैं।...कुछ दिनों के बाद कोयल भी कूकना भूल जाएगी क्या? ऐसी दोपहरी में चुपचाप कैसे काम किया जाता है! पाँच साल पहले तक लोगों के दिल में हुलास बाकी था।...पहली वर्षा में भीगी हुई धरती के हरे-भरे पौधों से एक खास किस्म की गन्ध निकलती है। तपती दोपहरी में मोम की तरह गल उठती थी—रस की डाली। वे गाने लगते थे बिरहा, चाँचर, लगनी। खेतों में काम करते हुए गानेवाले गीत भी समय-असमय का खयाल करके गाए जाते हैं। रिमझिम वर्षा में बारहमासा, चिलचिलाती धूप में बिरहा, चाँचर और लगनी—

"हाँ...रे, हल जोते हलवाहा भैया रे...
खुरपी रे चलावे...म-ज-दू-र!
एहि पन्थे, धनी मोरा हे रूसलि... ।"

खेतों में काम करते हलवाहों और मजदूरों से कोई बिरही पूछ रहा है, कातर स्वर में—उसकी रूठी हुई धनी को इस राह से जाते देखा है किसी ने?...

अब तो दोपहरी नीरस कटती है, मानो किसी के पास एक शब्द भी नहीं रह गया है।

आसमान में चक्कर काटते हुए चील ने टिंहकारी भरी—टिं...ई... टिं-हि-क!

मिरदंगिया ने गाली दी—"शैतान!"

उसको छेड़कर मोहना दूर भाग गया है। वह आतुर होकर प्रतीक्षा कर रहा है। जी करता है, दौड़कर उसके पास चला जाए। दूर चरते हुए मवेशियों के झुंडों की ओर बार-बार वह बेकार देखने की चेष्टा करता है। सब धुँधला!

उसने अपनी झोली टटोलकर देखा—आम हैं, मूढ़ी है।...उसे भूख लगी। मोहना के सूखे मुँह की याद आई और भूख मिट गई।

मोहना-जैसे सुन्दर, सुशील लड़कों की खोज में ही उसकी जिन्दगी के अधिकांश दिन बीते हैं।...विदापत नाच में नाचनेवाले 'नटुआ' का

अनुसन्धान खेल नहीं।...सवर्णों के घर में नहीं, छोटी जाति के लोगों के यहाँ मोहना-जैसे लड़की-मुँहा लड़के हमेशा पैदा नहीं होते। ये अवतार लेते हैं समय-समय पर जदा-जदा हि...

मैथिल ब्राह्मणों, कायस्थों और राजपूतों के यहाँ विदापतवालों की बड़ी इज्जत होती थी।...अपनी बोली–मिथिलाम–में नटुआ के मुँह से 'जनम अवधि हम रूप निहारल' सुनकर वे निहाल हो जाते थे। इसलिए हर मंडली का 'मूलगैन' नटुआ की खोज में गाँव-गाँव भटकता फिरता था–ऐसा लड़का, जिसे सजा-धजाकर नाच में उतारते ही दर्शकों में एक फुसफुसाहट फैल जाए।

"ठीक ब्राह्मणी की तरह लगता है। है न?"

"मधुकान्त ठाकुर की बेटी की तरह...।"

"नः! छोटी चम्पा-जैसी सूरत है!"

पँचकौड़ी गुनी आदमी है। दूसरी-दूसरी मंडली में मूलगैन और मिरदंगिया की अपनी-अपनी जगह होती। पँचकौड़ी मूलगैन भी था और मिरदंगिया भी। गले में मृदंग लटकाकर बजाते हुए वह गाता था, नाचता था। एक सप्ताह में ही नया लड़का भाँवरी देकर परवेश में उतरने योग्य नाच सीख लेता था।

नाच और गाना सिखाने में कभी उसे कठिनाई नहीं हुई; मृदंग के स्पष्ट 'बोल' पर लड़कों के पाँव स्वयं ही थिरकने लगते थे। लड़कों के जिद्दी माँ-बाप से निबटना मुश्किल व्यापार होता था। विशुद्ध मैथिली में और भी शहद लपेटकर वह फुसलाता...

"किसन कन्हैया भी नाचते थे। नाच तो एक गुण है।...अरे, जाचक कहो या दसदुआरी। चोरी, डकैती और आवारागर्दी से अच्छा है अपना-अपना 'गुन' दिखाकर लोगों को रिझाकर गुजारा करना।"

एक बार उसे लड़के की चोरी भी करनी पड़ी थी।...बहुत पुरानी बात है। इतनी मार लगी थी कि...बहुत पुरानी बात है।

पुरानी ही सही, बात तो ठीक है।

"रसपिरिया बजाते समय तुम्हारी उँगली टेढ़ी हुई थी। ठीक है न?"

मोहन न जाने कब लौट आया।

मिरदंगिया के चेहरे पर चमक लौट आई। वह मोहन की ओर एक टकटकी लगाकर देखने लगा...यह गुणवान मर रहा है। धीरे-धीरे, तिल-तिल कर वह खो रहा है। लाल-लाल होंठों पर बीड़ी की कालिख लग गई है। पेट में तिल्ली है जरूर!...

मिरदंगिया वैद्य भी है। एक झुंड बच्चों का बाप धीरे-धीरे एक पारिवारिक डाक्टर की योग्यता हासिल कर लेता है।...उत्सवों के बासी-टटका भोज्यान्नों की प्रतिक्रिया कभी-कभी बहुत बुरी होती। मिरदंगिया अपने साथ नमक-सुलेमानी, चानमार-पाचन और कुनैन की गोली हमेशा रखता था।... लड़कों को सदा गरम पानी के साथ हल्दी की बुकनी खिलाता। पीपल, काली मिर्च, अदरक वगैरह को घी में भूनकर शहद के साथ सुबह-शाम चटाता।... गरम पानी!

पोटली से मूढ़ी और आम निकालते हुए मिरदंगिया बोला, "हाँ, गरम पानी! तेरी तिल्ली बढ़ गई है, गरम पानी पियो!"

"यह तुमने कैसे जान लिया? फारबिसगंज के डागडरबाबू भी कह रहे थे, तिल्ली बढ़ गई है। दवा...।"

आगे कहने की जरूरत नहीं। मिरदंगिया जानता है, मोहना-जैसे लड़कों के पेट की तिल्ली चिता पर ही गलती है! क्या होगा पूछकर, कि दवा क्यों नहीं करवाते!

"माँ भी कहती है, हल्दी की बुकनी के साथ रोज गरम पानी। तिल्ली गल जाएगी।"

मिरदंगिया ने मुस्कराकर कहा, "बड़ी सयानी है तुम्हारी माँ!"

केले के सूखे पत्तल पर मूढ़ी और आम रखकर उसने बड़े प्यार से कहा, "आओ, एक मुट्ठी खा लो।"

"नहीं, मुझे भूख नहीं।"

किन्तु मोहना की आँखों से रह-रहकर कोई झाँकता था, मूढ़ी और आम को एक साथ निगल जाना चाहता था।...भूखा, बीमार, भगवान!

"आओ, खा लो बेटा!...रसपिरिया नहीं सुनोगे?"

माँ के सिवा, आज तक किसी अन्य व्यक्ति ने मोहना को इस तरह प्यार से कभी परोसे भोजन पर नहीं बुलाया।...लेकिन, दूसरे चरवाहे देख लें

तो माँ से कह देंगे।...भीख का अन्न!

"नहीं, मुझे भूख नहीं।"

मिरदंगिया अप्रतिभ हो जाता है। उसकी आँखें फिर सजल हो जाती हैं। मिरदंगिया ने मोहना-जैसे दर्जनों सुकुमार बालकों की सेवा की है। अपने बच्चों को भी शायद वह इतना प्यार नहीं दे सकता।...और अपना बच्चा! हूँ!...अपना-पराया? अब तो सब अपने, सब पराए।...

"मोहन!"

"कोई देख लेगा तो?"

"तो क्या होगा?"

"माँ से कह देगा। तुम भीख माँगते हो न?"

"कौन भीख माँगता है?" मिरदंगिया के आत्मसम्मान को इस भोले लड़के ने बेवजह ठेस लगा दी। उसके मन की झाँपी में कुंडलीकार सोया हुआ साँप फन फैलाकर फुफकार उठा, "ए-स्साला! मारेंगे वह तमाचा कि..."

"ऐ! गाली क्यों देते हो!" मोहना ने डरते-डरते प्रतिवाद किया।

वह उठ खड़ा हुआ, पागलों का क्या विश्वास?

आसमान में उड़ती हुई चील ने फिर टिंहकारी भरी...टिं-हीं...ई... टिं-टिं-ग!

"मोहना!" मिरदंगिया की आवाज गम्भीर हो गई।

मोहना जरा दूर जाकर खड़ा हो गया।

"किसने कहा तुमसे कि मैं भीख माँगता हूँ? मिरदंग बजाकर पदावली गाकर, लोगों को रिझाकर पेट पालता हूँ...तुम ठीक कहते हो, भीख का ही अन्न है यह। भीख का ही फल है यह।...मैं नहीं दूँगा।...तुम बैठो, मैं रसपिरिया सुना दूँ।"

मिरदंगिया का चेहरा धीरे-धीरे विकृत हो रहा है।...आसमान में उड़नेवाली चील अब पेड़ की डाली पर आ बैठी है?...टिं-टिं-हिं टिंटिक!

मोहना डर गया। एक डग, दो डग...दे दौड़। वह भागा।

एक बीघा दूर जाकर उसने चिल्लाकर कहा, "डायन ने बान मारकर तुम्हारी उँगली टेढ़ी कर दी है। झूठ क्यों कहते हो कि रसपिरिया बजाते समय..."

"ऐ! कौन है यह लड़का? कौन है यह मोहना!...रमपतिया भी कहती थी, डायन ने बान मार दिया है।"

"मोहना!"

मोहना ने जाते-जाते चिल्लाकर कहा, "करैला!" अच्छा, तो मोहना यह भी जानता है कि मिरदंगिया 'करैला' कहने से चिढ़ता है!...कौन है यह मोहना?

मिरदंगिया आतंकित हो गया। उसके मन में एक अज्ञात भय समा गया। वह थर-थर काँपने लगा। उसमें कमलपुर के बाबुओं के यहाँ जाने का उत्साह भी नहीं रहा।...सुबह शोभा मिसर के लड़के ने ठीक ही कहा था।

उसकी आँखों से आँसू झरने लगे।

जाते-जाते मोहना डंक मार गया। उसके अधिकांश शिष्यों ने ऐसा ही व्यवहार किया है उसके साथ। नाच सीखकर फुर्र से उड़ जाने का बहाना खोजनेवाले एक-एक लड़के की बातें उसे याद हैं।

सोनमा ने तो गाली ही दी थी–'गुरुगिरी करता है, चोट्टा!'

रमपतिया आकाश की ओर हाथ उठाकर बोली थी–'हे दिनकर! साच्छी रहना। मिरदंगिया ने फुसलाकर मेरा सर्वनाश किया है। मेरे मन में कभी चोर नहीं था। हे सुरुज भगवान! इस दसदुआरी कुत्ते का अंग-अंग फूटकर... ।'

मिरदंगिया ने अपनी टेढ़ी उँगली को हिलाते हुए एक लम्बी साँस ली।...रमपतिया? जोधन गुरुजी की बेटी रमपतिया! जिस दिन वह पहले-पहल जोधन की मंडली में शामिल हुआ था–रमपतिया बारहवें में पाँव रख रही थी।...बाल-विधवा रमपतिया पदों का अर्थ समझने लगी थी। काम करते-करते वह गुनगुनाती–'नव अनुरागिनी राधा, किछु नँहि मानय बाधा।'...मिरदंगिया मूलगैनी सीखने गया था और गुरुजी ने उसे मृदंग धरा दिया था...आठ वर्ष तक तालीम पाने के बाद जब गुरुजी ने स्वजात पँचकौड़ी से रमपतिया के चुमौना की बात चलाई तो मिरदंगिया सभी ताल-मात्रा भूल गया। जोधन गुरुजी से उसने अपनी जात छिपा रखी थी। रमपतिया से उसने झूठा परेम किया था। गुरुजी की मंडली छोड़कर वह रातोंरात भाग गया। उसने गाँव आकर अपनी मंडली बनाई, लड़कों को सिखाया-पढ़ाया और

कमाने-खाने लगा।...लेकिन, वह मूलगैन नहीं हो सका कभी। मिरदंगिया ही रहा सब दिन।...जोधन गुरुजी की मृत्यु के बाद, एक बार गुलाब-बाग मेले में रमपतिया से उसकी भेंट हुई थी। रमपतिया उसी से मिलने आई थी। पँचकौड़ी ने साफ जवाब दे दिया था–'क्या झूठ-फरेब जोड़ने आई है? कमलपुर के नन्दूबाबू के पास क्यों नहीं जाती, मुझे उल्लू बनाने आई है। नन्दूबाबू का घोड़ा बारह बजे रात को...।' चीख उठी थी रमपतिया–'पाँचू!... चुप रहो!'

उसी रात रसपिरिया बजाते समय उसकी उँगली टेढ़ी हो गई थी। मृदंग पर जमनिका देकर वह परबेस का ताल बजाने लगा। नटुआ ने डेढ़ मात्रा बेताल होकर प्रवेश किया तो उसका माथा ठनका। परबेस के बाद उसने नटुआ को झिड़की दी–'एस्साला! थप्पड़ों से गाल लाल कर दूँगा।'...और रसपिरिया की पहली कड़ी ही टूट गई। मिरदंगिया ने ताल को सँभालने की बहुत चेष्टा की। मृदंग की सूखी चमड़ी जी उठी, दाहिने पूरे पर लावा-फरही फूटने लगे और ताल कटते-कटते उसकी उँगली टेढ़ी हो गई। झूठी टेढ़ी उँगली!...हमेशा के लिए पँचकौड़ी की मंडली टूट गई। धीरे-धीरे इलाके से विद्यापति-नाच ही उठ गया। अब तो कोई विद्यापति की चर्चा भी नहीं करते हैं।...धूप-पानी से परे, पँचकौड़ी का शरीर ठंडी महफिली में ही पनपा था।...बेकार जिन्दगी में मृदंग ने बड़ा काम दिया। बेकारी का एकमात्र सहारा–मृदंग!

एक युग से वह गले में मृदंग लटकाकर भीख माँग रहा है–धा-तिंग, धा-तिंग!

वह एक आम उठाकर चूसने लगा–लेकिन, लेकिन,...लेकिन...मोहना को डायन की बात कैसे मालूम हुई?

उँगली टेढ़ी होने की खबर सुनकर रमपतिया दौड़ी आई थी, घंटों उँगली को पकड़कर रोती रही थी–'हे दिनकर, किसने इतनी बड़ी दुश्मनी की? उसका बुरा हो।...मेरी बात लौटा दो भगवान! गुस्से में कही हुई बातें। नहीं, नहीं। पाँचू, मैंने कुछ भी नहीं किया है। जरूर किसी डायन ने बान मार दिया है।'

मिरदंगिया ने आँखें पोंछते हुए ढलते हुए सूरज की ओर देखा।...इस

मृदंग को कलेजे से सटाकर रमपतिया ने कितनी रातें काटी हैं!...मिरदंग को उसने अपनी छाती से लगा लिया।

पेड़ की डाली पर बैठी हुई चील ने उड़ते हुए जोड़े से कुछ कहा—टिं-टिं-हिंक्!

"एस्साला!" उसने चील को गाली दी। तम्बाकू चुनियाकर मुँह में डाल ली और मृदंग के पूरे पर उँगलियाँ नचाने लगा—धिरिनागि, धिरिनागि, धिरिनागि-धिनता!

पूरी जमनिका वह नहीं बजा सका। बीच में ही ताल टूट गया।

—अ्-कि-हे-ए-ए-हा-आआ-ह-हा!

सामने झरबेरी के जंगल के उस पार किसी ने सुरीली आवाज में, बड़े समारोह के साथ रसप्रिया की पदावली उठाई—

"न-व-वृन्दा-वन, न-व-न-व-तरु-ग-न, न-व-नव विकसित फूल..."

मिरदंगिया के सारे शरीर में एक लहर दौड़ गई। उसकी उँगलियाँ स्वयं ही मृदंग के पूरे पर थिरकने लगीं। गाय-बैलों के झुंड दोपहर की उतरती छाया में आकर जमा होने लगे।

खेतों में काम करनेवालों ने कहा, "पागल है। जहाँ जी चाहा, बैठकर बजाने लगता है।"

"बहुत दिन के बाद लौटा है।"

"हम तो समझते थे कि कहीं मर-खप गया।"

रसप्रिया की सुरीली रागिनी ताल पर आकर कट गई। मिरदंगिया का पागलपन अचानक बढ़ गया। वह उठकर दौड़ा। झरबेरी की झाड़ी के उस पार कौन है? कौन है यह शुद्ध रसप्रिया गानेवाला?...इस जमाने में रसप्रिया का रसिक...? झाड़ी में छिपकर मिरदंगिया ने देखा, मोहना तन्मय होकर दूसरे पद की तैयारी कर रहा है। गुनगुनाहट बन्द करके उसने गले को साफ किया। मोहना के गले में राधा आकर बैठ गई है!...क्या बन्दिश है!

"न-दी-बह नयनक नी...र!

आहो...पललि बहए ताहि ती...र!"

मोहना बेसुध होकर गा रहा था। मृदंग के बोल पर वह झूम-झूमकर गा रहा था। मिरदंगिया की आँखें उसे एकटक निहार रही थीं और उसकी

उँगलियाँ फिरकी की तरह नाचने को व्याकुल हो रही थीं।...चालीस वर्ष का अधपागल युगों के बाद भावावेश में नाचने लगा।...रह-रहकर वह अपनी विकृत आवाज में पदों की कड़ी धरता–फोंय-फोंय, सोंय-सोंय!

धिरनागि-धिनता!

"दुहु रस...म...य तनु-गुने नहीं ओर।
लागल दुहुक न भाँगय जो-र।"

मोहना के आधे काले और आधे लाल होंठों पर नई मुस्कराहट दौड़ गई। पद समाप्त करते हुए वह बोला, "इस्स! टेढ़ी उँगली पर भी इतनी तेजी?"

मोहना हाँफने लगा। उसकी छाती की हड्डियाँ!

...उफ! मिरदंगिया धम्म-से जमीन पर बैठ गया–"कमाल! कमाल! किससे सीखे? कहाँ सीखी तुमने पदावली? कौन है तुम्हारा गुरु?"

मोहना ने हँसकर जवाब दिया, "सीखूँगा कहाँ? माँ तो रोज गाती है।...प्रातकी मुझे बहुत याद है, लेकिन अभी तो उसका समय नहीं।"

"हाँ बेटा! बेताले के साथ कभी मत गाना-बजाना। जो कुछ भी है, सब चला जाएगा।...समय-कुसमय का भी खयाल रखना। लो, अब आम खा लो।"

मोहना बेझिझक आम लेकर चूसने लगा।

"एक और लो।"

मोहना ने तीन आम खाए और मिरदंगिया के विशेष आग्रह पर दो मुट्ठी मूढ़ी भी फाँक गया।

"अच्छा, अब एक बात बताओगे मोहना! तुम्हारे माँ-बाप क्या करते हैं?"

"बाप नहीं है, अकेली माँ है। बाबू-लोगों के घर कुटाई-पिसाई करती है।"

"और तुम नौकरी करते हो! किसके यहाँ?"

"कमलपुर के नन्दूबाबू के यहाँ?"

"नन्दूबाबू के यहाँ।"

मोहना ने बताया, उसका घर सहरसा में है। तीसरे साल सारा गाँव

कोसी मैया के पेट में चला गया। उसकी माँ उसे लेकर अपने ममहर आई है...कमलपुर।

"कमलपुर में तुम्हारी माँ के मामू रहते हैं?"

मिरदंगिया कुछ देर तक चुपचाप सूर्य की ओर देखता रहा।... नन्दूबाबू–मोहना–मोहना की माँ!

"डायनवाली बात तुम्हारी माँ कह रही थी?"

"हाँ।"

"और एक बार सामदेव झा के यहाँ जनेऊ में तुमने गिरधर-पट्टी मंडलीवालों का मिरदंग छीन लिया था।...बेताला बजा रहा था। ठीक है न?"

मिरदंगिया की खिचड़ी दाढ़ी मानो अचानक सफेद हो गई। उसने अपने को सँभालकर पूछा, "तुम्हारे बाप का क्या नाम है?"

"अजोधादास!"

"अजोधादास?"

बूढ़ा अजोधादास, जिसके मुँह में न बोल, न आँख में लोर।...मंडली में गठरी ढोता था। बिना पैसे का नौकर बेचारा अजोधादास!

"बड़ी सयानी है तुम्हारी माँ।" एक लम्बी साँस लेकर मिरदंगिया ने अपनी झोली से एक छोटा बटुआ निकाला। लाल-पीले कपड़ों के टुकड़ों को खोलकर कागज की एक पुड़िया निकाली उसने।

मोहना ने पहचान लिया–"लोट? क्या है, लोट?"

"हाँ, नोट है।"

"कितने रुपएवाला है? पँचटकिया। ऐं...दसटकिया? जरा छूने दोगे? कहाँ से लाए?" मोहना एक ही साँस में सबकुछ पूछ गया, "सब दसटकिया हैं?"

"हाँ, सब मिलाकर चालीस रुपए हैं।" मिरदंगिया ने एक बार इधर-उधर निगाहें दौड़ाईं; फिर फुसफुसाकर बोला, "मोहना बेटा! फारबिसगंज के डागडरबाबू को देकर बढ़िया दवा लिखा लेना।...खट्टा-मिट्ठा परहेज करना।...गरम पानी जरूर पीना।"

"रुपए मुझे क्यों देते हो?"

"जल्दी रख ले, कोई देख लेगा।"

मोहना ने भी एक बार चारों ओर नजर दौड़ाई। उसके होंठों की कालिख और गहरी हो गई।

मिरदंगिया बोला, "बीड़ी-तम्बाकू भी पीते हो? खबरदार!"

वह उठ खड़ा हुआ।

मोहना ने रुपए ले लिए।

"अच्छी तरह गाँठ में बाँध ले। माँ से कुछ मत कहना।"

"और हाँ, यह भीख का पैसा नहीं। बेटा, यह मेरी कमाई के पैसे हैं। अपनी कमाई के...।"

मिरदंगिया ने जाने के लिए पाँव बढ़ाया।

"मेरी माँ खेत में घास काट रही है। चलो न!" मोहना ने आग्रह किया। मिरदंगिया रुक गया। कुछ सोचकर बोला, "नहीं मोहना! तुम्हारे-जैसा गुणवान बेटा पाकर तुम्हारी माँ 'महारानी' है, मैं महाभिखारी दसदुआरी हूँ। जाचक, फकीर...! दवा से जो पैसे बचें, उसका दूध पीना।"

मोहना की बड़ी-बड़ी आँखें कमलपुर के नन्दूबाबू की आँखों-जैसी हैं...।

"रे मो-ह-ना-रे-हे! बैल कहाँ हैं रे?"

"तुम्हारी माँ पुकार रही है शायद।"

"हाँ। तुमने कैसे जान लिया?"

"रे-मोहना-रे-हे!"

एक गाय ने सुर-में-सुर मिलाकर अपने बछड़े को बुलाया।

गाय-बैलों के घर लौटने का समय हो गया। मोहना जानता है, माँ बैल हाँककर ला रही होगी। झूठ-मूठ उसे बुला रही है। वह चुप रहा।

"जाओ।" मिरदंगिया ने कहा, "माँ बुला रही है। जाओ।...अब से मैं पदावली नहीं, रसपिरिया नहीं, निरगुन गाऊँगा। देखो, मेरी उँगली शायद सीधी हो रही है। शुद्ध रसपिरिया कौन गा सकता है आजकल?...

"अरे, चलू मन, चलू मन–ससुरार जइवे हो रामा,
कि आहो रामा,
नैहिरा में अगिया लगायब रे-की...।"

खेतों की पगडंडी, झरबेरी के जंगल के बीच होकर जाती है। निरगुन

गाता हुआ मिरदंगिया झरबेरी की झाड़ियों में छिप गया।

"ले। यहाँ अकेला खड़ा होकर क्या करता है? कौन बजा रहा था मृदंग रे?" घास का बोझा सिर पर लेकर मोहना की माँ खड़ी है।

"पँचकौड़ी मिरदंगिया।"

"ऐं, वह आया है? आया है वह?" उसकी माँ ने बोझ जमीन पर पटकते हुए पूछा।

"मैंने उसके ताल पर रसपिरिया गाया है। कहता था, इतना शुद्ध रसपिरिया कौन गा सकता है आजकल!...उसकी उँगली अब ठीक हो जाएगी।"

माँ ने बीमार मोहना को आह्लाद से अपनी छाती से सटा लिया।

"लेकिन तू तो हमेशा उसकी टोकरी-भर शिकायत करती थी—बेईमान है, गुरु-दरोही है, झूठा है!"

"है तो! वैसे लोगों की संगत ठीक नहीं। खबरदार, जो उसके साथ फिर कभी गया! दसदुआरी जाचकों से हेलमेल करके अपना ही नुकसान होता है।...चल, उठा बोझ!"

मोहना ने बोझ उठाते समय कहा, "जो भी हो, गुनी आदमी के साथ रसपिरिया... ।"

"चौप! रसपिरिया का नाम मत ले।"

अजीब है माँ! जब गुस्साएगी तो बाघिन की तरह और जब खुश होती है तो गाय की तरह हुँकारती आएगी और छाती से लगा लेगी। तुरत खुश, तुरत, नाराज।...

दूर से मृदंग की आवाज आई—धा-तिंग, धा-तिंग!

मोहना की माँ खेत की ऊबड़-खाबड़ मेड़ पर चल रही थी। ठोकर खाकर गिरते-गिरते बची। घास का बोझ गिरकर खुल गया। मोहना पीछे-पीछे मुँह लटकाकर जा रहा था। बोला, "क्या हुआ, माँ?"

"कुछ नहीं।"

—धा-तिंग, धा-तिंग!

मोहना की माँ खेत की मेड़ पर बैठ गई। जेठ की शाम से पहले जो पुरवैया चलती है, धीरे-धीरे तेज हो गई।...मिट्टी की सोंधी सुगन्ध हवा में

धीरे-धीरे घुलने लगी।

—धा-तिंग, धा-तिंग!

"कहता था, तुम्हारे-जैसा गुणवान बेटा?" मोहना की माँ आगे कुछ न बोल सकी।

"मिरदंगिया और कुछ बोलता था, बेटा?" मोहना की माँ आगे कुछ न बोल सकी।

"झूठा, बेईमान!" मोहना की माँ आँसू पोंछकर बोली, "ऐसे लोगों की संगत कभी मत करना।"

मोहना चुपचाप खड़ा रहा।

तीर्थोदक

बात अनसुनी करके साइकिल पर सवार होते हुए लल्लू को जब बाप की वज्र-कठोर झिड़की मिली, तो परिवार के अन्य सदस्यों ने परिस्थिति की गम्भीरता का अन्दाज लगा लिया।

"लल्लू-उ-उ-उ! एक ही तमाचे में तुम्हारी सारी फुटफुटी निकल जाएगी।"

साइकिल के पुराने झड़ियल मडगार्ड झरझरा उठे। लल्लू साइकिल से

उतर पड़ा। आँगन में, रसोईघर के पास बरतन-बासन माँजती मोतिया की माँ के हाथ से खगड़िया-कटोरी गिरकर झनझना उठी—"बूढ़े मालिक आज असली गुस्सा निकाल रहे हैं? दैब रे!"

"जिसको जाना है, खुद चली जाए! टिकट कटाए। इस घर का एक बच्चा भी किसी की झोली-गठरी में हाथ नहीं लगाएगा, न ही यहाँ का एक पंछी साथ जाएगा।"

पिछले दो दिन से वृद्ध बजरंगी चौधरी का मन कड़वाया हुआ है। सामान्य बात में भी पेंच लगाकर बोलते हैं। कभी बड़े लड़के शंकर की छोटी-सी गलती पर व्यंग्य-बाण छोड़ते हैं; कभी छोटे लल्लू को दर्जनों घरेलू और जंगली पशु-पक्षियों के नाम से पुकारते हैं—गधा, सूअर, उल्लू, गैंडा, बनबिलाव...। पास-पड़ोस के लोगों पर अकारण ही पिनकते हैं।

गाँव के लोग बजरंगी चौधरी के क्रोध से परिचित हैं। छोटे-बड़े उपसर्गों को देखकर अनुमान-अन्दाज लगते हैं—इस बार बाप-बेटे में ठनेगी।...कुछ होनेवाला है। बस, एक यही परिवार गाँव में टुटरू-टूँ चल रहा है।...कब तक निभे?...बात क्या है?

परिवार का बड़ा बेटा शंकर बैठकखाने की ओर लपका। अपने बाप के क्रोध को वह जानता है। साल में एक या दो बार क्रोधित होते हैं। और उस दिन फिर कुछ होकर रहता है। जाते-जाते बहू की चेतावनी सुनाई पड़ी—"ई न्योतकर बुलाया गुस्सा है। कल कलेऊ की बेला से ही बाबूजी के मुँह पर अँधेरा छाया हुआ है। घर में खटखट-कचकच करके तीरथ जाने का क्या फल मिलेगा?...आज सोच-समझकर बात करे बाबूजी से कोई। हाँ!"

मँझला विष्णु पूजा की छुट्टियों में रात की गाड़ी से घर आया है; अभी तक सोया हुआ है। यों भी वह सुबह के आठ बजे तक सोता है। करवट लेते हुए वह अपने बिछावन पर अस्फुट शब्दों में बड़बड़ाया—"हा-ह-हस्स-स-बे-रे-स-बे-रे।" फिर, आँखें मूँदे ही तकिए के नीचे दियासलाई टटोलने लगा।

उधर बैठकखाने में बाप का सारा गुस्सा शंकर के सिर पर बरसा—"तुम चुप रहो! बड़ा आया है वहाँ से, 'हो क्या गया, हो क्या गया' पूछनेवाला! मैं पूछता हूँ कि यह घर है या धरमशाला? जिसका जी जब जहाँ

चाहा, चला गया! परम स्वतन्त्र न सिर पर कोऊ! कल से समझाकर थक गया, लेकिन...। जैसी माँ, वैसी औलाद। तीनों-के-तीनों नालायक लड़के मेरे ही घर में कैसे हुए? एक वह, रात में आया है, पढ़ा-लिखा बैल! चिट्ठी में दो-दो बार लिखा कि आते समय नौगछिया में उतरकर गीतिया को लिवाते आना, तो साफ-साफ जवाब लिखकर भेज दिया, कि 'दीदी को लिवाने के लिए किसी और को भेज दीजिए; लिवाई-जवाई का झमेला मुझे पसन्द नहीं।'...सूअर! साथ नहीं लाया, बीमार बहन को जरा देखता ही आता। सो भी नहीं। अपनी बहन को साथ लिवा लाने में लाज लगती है और...!"

विष्णु की नींद टूट गई–ऐं! कॉलेज का नागा करके भैया की साली को मुँगेर से जमालपुर पहुँचाने की बात यहाँ भी पहुँच चुकी है?

दरवाजे पर गाँव और पास-पड़ोस के कई व्यक्ति आ गए। बजरंगी चौधरी का कंठ-स्वर मद्धिम हुआ, किन्तु क्रोधाग्नि अन्दर-ही-अन्दर धुधुआती रही। अपने तीनों लड़के, बहू और अपनी बूढ़ी पत्नी की नादानी की कहानियाँ विस्तारपूर्वक सुनाने के लिए वह चौकी पर बैठ गए।

शंकर की अष्टवर्षीया पुत्री संझा गाँव की पाठशाला से भागकर आँगन में आई। स्लेट, बही-बस्ता वगैरह फेंककर दादी के पास ठुनकती हुई गई–"दादी, गठरी क्यों बाँध रही है? हाँ-य-य! मैं भी जाऊँगी।...लल्लू काका भी जाएगा, क्यों दादी?"

तीरथ-यात्रा की तैयारी में व्यस्त दादी ने झुँझलाते हुए कहा, "जा, जा! कोई नहीं जाएगा मेरे साथ।" षोडशवर्षीय लल्लू मुँह लटकाकर आया और माँ के सामने रुपया रखकर, चुपचाप दीवार के सहारे खड़ा हो गया। जगरनाथी लोटे के गले में डोरी की फँसरी लगाती हुई बूढ़ी बोली, "बहुत लोग मिल जाएँगे, टिकस कटा देनेवाले।"

विष्णु की बोली, मंजन के झाग से भरे हुए मुँह में गुड़गुड़ाई। मुँह ऊँचा करके उसने कहा, "मैंऽ-ऽवा!" फिर, ओसारे के बगल में झाग उगलकर बोला, "दूसरे से कर्ज लेकर तुम्हारी चीज ला दी है। रुपया देती जाओ। आज ही मनीआर्डर से भेज दूँगा। दूसरे का रुपया...।"

बूढ़ी ने आठ महीने बाद घर आए हुए अपने पढुआ लड़के की ओर देखा–"कैसी चीज? किसका रुपया?"

"बाबूजी की तस्वीर बड़ी करवा लाया हूँ। तुमने कहा था न! तीस रुपए लगे हैं। दूसरे से लेकर...।"

बूढ़ी रूखी आवाज में बोली, "गीतिया को देखते नहीं आए!...काठ हैं सब, काठ! जैसा बाप, वैसे बेटे! निदरदों का झुंड!"

विष्णु ने तौलिए से मुँह पोंछते समय विकृत मुद्रा बनाई–"हूँ। देखते नहीं आए!...मुझे औरतों का रोना-धोना पसन्द नहीं। तिस पर तुम्हारी बेटी कुरता का खूँट पकड़कर, पद जोड़-जोड़कर रोती है।"

भाभी अपने ओसारे पर खड़ी घूँघट के नीचे मुस्कराई। विष्णु बोला, "रुपया देती जाओ, नहीं तो दोनों बागड़ों को बेच दूँगा। लौटके देखना।"

बूढ़ी कुछ कहने जा रही थी कि गाँव के प्रसिद्ध शान्तिजीवी, मिष्टभाषी वृद्ध बोधबाबू ने धीरे-धीरे आँगन में प्रवेश किया। आते ही संझा से एक दरिया-दिल्लगी की वृद्ध ने–"क्यों दुलहिन, तू भी जाएगी?"

मुँह लटकाकर खड़ी संझा ने हमेशा की तरह 'धत्त बुढ़वा बकलोल' नहीं कहा। होंठ बिदकाकर चुप रही। बहू पीढ़ी दे गई। पीढ़ी पर बैठकर बोधबाबू ने खँखारकर अपना गला साफ किया–"लल्लू की माँ! बात यह है कि पहले मेरी पूरी बात सुन लीजिए। उतावली में काम करके पीछे पछताना पड़ता है। बजरंगी भैया कह रहे हैं, इस बार शिवरात्रि में काशीजी..."

"बहुत शिवरात सुन चुकी हूँ। अब और नहीं।" बड़े बेटे शंकर को सुनाकर बोली, "मैं किसी की एक कानी कौड़ी लेकर नहीं जा रही।"

शंकर ने समझाने की चेष्टा की–"मैया, तुम्हारी देह छूकर कहता हूँ, इस बार..."

"फिर मेरी देह की शपथ खाता है? लाज नहीं आती? नाती-पोते मेरे गंगा नहा आए और मैं अभागी ऐसी कि गंगा की कौन कहे, पौषी-पूर्णिमा में कभी कोसी की किसी गढ़हिया में भी एक डुबकी नहीं लगा पाई।"

शंकर बोला, "पिछले साल, मामले-मुकदमों के कितने झंझट झेलने पड़े हैं, सो तो किसी से छिपा नहीं।"

शंकर परिवार का कार्यकारी मालिक समझा जाता है। तिजोरी और गोदामघर की चाबियों के गुच्छे उसी के पास रहते हैं। अपने बड़े बेटे और बहू के व्यवहार से बूढ़ी सन्तुष्ट नहीं। बात काटती हुई बोली, "देख चुकी

हूँ मामले-मुकदमे का चक्कर!...डाक्टर से जाँच कराने के बहाने अपनी बहू को अटना-पटना, इल्ली-डिल्ली दिखला लाए। माँ की बेर मुकदमा का चक्कर सवार हो गया—बाप-पूत दोनों के सिर।"

बड़ी बहू मद्धिम आवाज में घूँघट के नीचे से ही बोली, "मैं किसी के पैसे से इल्ली-डिल्ली नहीं घूमी हूँ। सामने तो खड़ा है पूत। पूछ ले कोई, एक पैसे का पान भी खरीदा था किसी के लिए? मेरे काका का कितना रुपया खर्च हुआ है, पूछा है किसी ने कभी?"

वृद्ध बोधबाबू ने फिर खँखारकर अपनी उपस्थिति का संकेत दिया। बोले, "लल्लू की माँ, यों तो तीरथ जानेवाले को कोई नहीं रोकता; पाप होता है। लेकिन, पुरुख, तो सब तीरथ से बढ़कर है। पुरुख-वचन काटे जो नारी...।"

"रखिए अपना पुरुख-वचन! खूब सुन चुकी हूँ पुरुख-वचन। चालीस साल से और किसका वचन सुन रही हूँ?" बूढ़ी की आँखों में आँसू आ गए। भरे गले से बोली,"कभी बात से बेबात या चाल से कुचाल नहीं चली। तिस पर रोज तीन कोड़ी गालियाँ, सास-ससुर और इनकी...!"

बैठकखाने से बजरंगी चौधरी ने चिल्लाकर कहा, "शं...कर! आँगन में बिदेसिया नाच हो रहा है क्या? जाने क्यों नहीं देते? क्यों रोकते हो? कौन रोकता है?"

सन्नाटा!

बूढ़ी उठी। चुपचाप, गृहदेवता को पायलागी करने गई, "जै बाबा बैदनाथ, जै बाबा विश्वनाथ! बहुत दिनों की लालसा मन की, पूरन करो ठाकुर!" ओसारे पर आकर मोतिया की माँ से बोली, "अरी मखनी, चल, गठरी उठा। टीशन तक पहुँचा दे। पाव कोस जमीन चलने से मेरी ऐंड़ी नहीं घिस जाएगी। नहीं चाहिए गाड़ी-छकड़ा। संग-साथ की भी जरूरत नहीं। गाँव के इतने लोग जा रहे हैं, और कितना संग-साथ चाहिए? तू टीशन तक पहुँचा दे।"

संझा रोई—"दा-आ-आ-दी।" लल्लू की आँखें बरस पड़ीं। मोतिया की माँ ने गठरी उठाई। बूढ़ी ने लल्लू को झिड़की दी—"जात्रा के समय आँख-नाक मत पोंछो। रोता क्यों है?"

तीर्थोदक

बहू ने पायलागी की। पिंजड़े में रुनकू तोते ने लल्लू और संझा का नाम लेकर पुकारा—पींपी-पेंपे!...लल्लू संझा!

—दुर्गा-दुर्गा! आँगन की चौखट से निकलते ही बूढ़ी की नजर नंग-धड़ंग भूलोटन पर पड़ी। शंकर का दो साल का बेटा भूलोटन इस गोलमाल से फायदे में है। चौके के इस पार छिपकर वह मिट्टी खा रहा था। दादी को देखते ही, मुँह में घुलती हुई चिकनी मिट्टी की गोली को निकालकर फेंकते हुए बोला, "डा-आ-डी-ई। थी-थी! ए-ए!" पेट पर मिट्टी-मिश्रित लार गिरकर सूख रही थी। बूढ़ी के जी में आया, संझा को पुकारकर कहे। किन्तु वह रुकी नहीं। उधर, लल्लू का बाप पुकारकर कह रहा था, "ललवा को दरवाजे से ले जाओ पकड़कर। कोई परतीत नहीं, उसकी।"

बूढ़ी माया-ममता बिसारकर चली। मोतिया की माँ ने उड़ते हुए नीलकंठ की ओर दिखलाते हुए कहा, "मालकिन! लीलकंठ देख लीजिए। जातरा बहुत ठीक है।"

हर साल देवघर के पंडे का सिपाही तीर्थयात्रियों को बटोरने आता है। स्टेशन पर पंडे के सिपाही ने अपने जजमानों की गिनती ली—तीस मरदाना, दस जनाना, दो नीमजवान लड़के।

तीर्थयात्रा के उत्साह से उत्फुल्ल नर-नारियों के बीच लल्लू की माँ का बुझा हुआ चेहरा भी धीरे-धीरे खिलने लगा।...दो दिन से दुविधा में फँसा हुआ था मन!

पंडे के सिपाही ने हाथ जोड़कर दाँत निपोरते हुए कहा, "मायजी! बहुत दुख की बात कि बड़े घर से सिर्फ एक जातरी।...मैं तो डर के मारे उधर गया ही नहीं। बूढ़े मालिक चार-चार हाथ कूद रहे थे।...लीजिए, मैंने पहले ही कटाकर रख लिया था कमीसन-टिकस। बस, एक महीना तक जहाँ-जहाँ जी में आए, घूमिए!"

पंडे के सिपाही ने अपने जजमानों को सम्बोधित करते हुए कहा, "सुन लीजिए, सब कोय! पहले चलिए भागलपुर में बाबा बूढ़ानाथ और सुलतानगंज में बाबा अजगैबीनाथ पर जल चढ़ाने—देवघर वैद्यनाथधाम। बाबा-धाम में दो

दिन अलख जगाकर तब सीधे बड़ी लैन की गाड़ी पकड़कर काशी विश्वनाथ के दरबार...।"

तीर्थयात्रियों ने एक साथ लम्बी साँस ली–"जै हो! जै बाबा!" दोनों नीमजवान लड़कों को पंडे के सिपाही ने झिड़की दी–"ई दोनों बबुआन फुच्च-फुच्च कर हँसते क्यों हैं? अजगैबीनाथ नाम सुनकर हँसने की क्या बात!"

सभी तीर्थयात्रियों ने दोनों की ओर देखा।...लड़कपन ही है।

दोनों नीमजवानों के अभिभावकों ने एक ही साथ कहा, "लड़का है। इसके हँसने का क्या?"

सिपाही ने फिर से अपने जजमानों की गिनती ली–"ठीक है।" वह सिपाही कहने से नाराज होता है–"सिपाहीजी क्यों? मैं भी ब्राह्मणकुल का हूँ और पंडाजी भी ब्राह्मण। मैं पंडाजी का नौकर थोड़े हूँ? कमीसन पर काम करता हूँ।"

कमीसन-टिकस! कमीसन-पंडा! सभी यात्रियों ने अपने-अपने टिकटों को देखा–कमीसन-टिकस। लल्लू की माँ ने पूछा, "टिकस में कोई गड़बड़ी तो नहीं? अदला-बदली तो नहीं हुई है किसी से?"

पंडे के सिपाही ने दाँत से जीभ को काटते हुए कान पर हाथ रखा–"मायजी! आप निफिकिर रहिए। मैं आपका बेटा हूँ। कोई शंका मत कीजिए, कोई गड़बड़ी नहीं।"

औरतें एक जगह जमा हो गईं–घूटर साह की बूढ़ी, डोमन की माँ, शशिकान्त की स्त्री...। घूटर साह सपरिवार जा रहा है गाँव का महाजन है घूटर साह।

घूटर साह की बूढ़ी माँ ने लल्लू की माँ से कहा, "मैं कहती हूँ कि काशीजी तक ही क्यों? काशीधाम पहुँचकर, तीरथराज परयाग न जाएँ तो करम का ही दोख समझिए।"

पंडे के सिपाही ने कहा, "अभी इतने ही धामों का हौसला कीजिए, क्योंकि परदेस की बात है और देह-जाँगर सबके साथ है।"

घूटर साह ने कुढ़ते हुए अपनी बूढ़ी को घुड़की दी–"ईह! बड़ा हौसला बढ़ गया है, देखता हूँ।" घूटर साह की बूढ़ी का उत्साह कम नहीं हुआ, किन्तु...पंडे का सिपाही लल्लू की माँ से लल्लो-चप्पो करता है। घूटर साह

की बूढ़ी किस बात में कम है? यह अगले साल केदार-बदरी जाएगी। इस बार परयागजी तक का मंसूबा है।

शशिकान्त की जवान स्त्री, लल्लू की माँ की गठरी सँभालती है–"आखिर हम लोग किस दिन के लिए हैं?"

पंडे के सिपाही ने अपने खास लहजे में एलान किया–"गठरी-मोटरी-अपाना-अपाना ठीक कीजिए ए-ए। घबड़ाइए नहीं। गाड़ी आ रही है–ए-ए!"

चलती हुई गाड़ी की खिड़कियों से सभी ने अपने गाँव को देखा। भागते हुए बाग-बगीचे, ताड़ का पेड़, पुराना शिवाला, बजरंगीबाबू के दालान का हिस्सा। गाड़ी की चाल तेज हुई और देखते-ही-देखते गाँव आँखों से ओझल हो गया।...सभी के चेहरे पर परदेस की छाया उतर आई।

लल्लू की माँ के कानों के पास एक बार फिर धारवाली तेज बात गूँज गई–'जैसी माँ, वैसी औलाद!' बूढ़ी का चेहरा उतर गया।...लल्लू संझा, भूलोटन! डा-आ-डी-ई!

घूटर साह की बूढ़ी और डोमन की माँ ने मिलकर वैद्यनाथ-महात्म का पद शुरू किया–'चलहु-चलहु रे मनुआँ बैदनाथ के धाम; बाबा बैदनाथ के धाम...!'

लल्लू की माँ ने पंडे के सिपाही को पुकारा। उसने कहा, "मायजी! मेरा नाम खंखड़ ओझा है। आप नाम लेकर ही बुलाइए।...नौगछिया टीसन? अभी कहाँ? कटिहार में गाड़ी बदलने के बाद, रात में एक बजे नौगछिया!"

नौगछिया स्टेशन से पाँच-सात कोस दूर किसी गाँव में बूढ़ी की बेटी रहती है, ससुराल में। उसने खंखड़ ओझा से कहा, "याद करके, नौगछिया टीसन आने से पहले चेता दीजिएगा!"...दो स्टेशन भी नहीं गुजरे, घूटर साह की बूढ़ी तीन बार ताना मार चुकी है। लल्लू की माँ को सुनाकर बोली, "ऐसे बेटे-बेटियों से निपूती ही भली। घर-भर लोग रहते हुए भी अकेली तीरथ जा रही है बेचारी!"

डोमन की माँ ने आजकल की बहुओं और उनकी बात में बहके हुए बेटों की निन्दा करते हुए बात का सूत्र अपने हाथ में लिया और अपने सत

बेटे डोमन को सुनाकर बोली, "जिस दिन देखूँगी कि मेरा डोमन मेरी बात का जवाब देने के लिए होंठ पटपटा रहा है, तुरन्त आँगन के बीचोबीच परदा लगवा दूँगी। मुँह भी नहीं देखूँगी।"

लल्लू की माँ कटकर रह गई, मन-ही-मन।...भगवान ने बोलने का मौका दिया है; बोल लें लोग।

कटिहार पहुँचकर डोमन की माँ ने गठरी से चिउड़ा और खुरमा (सूखी मिठाई) निकालकर बढ़ाते हुए कहा, "मेरी पुतोहू के हाथ का बनाया हुआ खुरमा है।" लल्लू की माँ ने कहा, "चिउड़ा और खुरमा मेरी गठरी में है। मेरा जी अच्छा नहीं है, कुछ नहीं खाऊँगी।"

घूटर साह की स्त्री ने पूरी-मिठाई बेचनेवाले से पूछा, "दालपूड़ी है?"

घूटर साह कुढ़कर कचपचा उठा–"दालपूड़ी कौन खाएगा?"

लल्लू की माँ को घूटर साह के दमे की याद आई। दमे के दौरे के समय घूटर साह की स्त्री जड़ी लेने के लिए आती और बूढ़े के अपथ-कुपथ खाने से लेकर बुढ़ौती में बुढ़भस करने की कोड़ियों कहानियाँ सुना जाती–"बहिन, बूढ़े का दमा तो दम के साथ ही जाएगा, लेकिन मैं बेदम होकर पहले ही मर जाऊँगी। जो-जो मना है, वही खाएगा। लाज की बात क्या बोलूँ...!"

घूटर साह की बूढ़ी ताजा-भाजावाले को बुलाने लगी। लल्लू की माँ मन में हँसी।...घूटर साह की बूढ़ी ने ताजा-भाजा ही क्यों खरीदा?

शशिकान्त की स्त्री की नजर प्लेटफार्म पर टहलनेवाली दो बंगालिन लड़कियों पर थी। ऐसी ही किसी लड़की ने उसके पति को शहर में भेड़ बनाकर रख लिया था। पढ़ाई-लिखाई तो चौपट हुई ही, बुद्धि-ज्ञान भी गँवा आए। बाबा वैद्यनाथ उसके पति की बुद्धि फिर से लौटा दें, यही मनौती करने जा रही है वह।...दुहाई बाबा!

"मायजी, नौगछिया आ रहा है।" खंखड़ ने ऊँघती हुई लल्लू की माँ को जगाया।

बूढ़ी हड़बड़ाकर उठी। माथे पर कपड़ा सरकाकर खिड़की से बाहर देखने लगी। ऊँघता हुआ नौगछिया स्टेशन! प्लेटफार्म पर भुकभुकाती हुई

रोशनी में जाती हुई औरत का मुँह नहीं देख सकी। बूढ़ी ने लम्बी साँस ली–"गीता के ससुराल का टीशन!"

शशिकान्त की स्त्री गठरी की तरह बेंच पर सोई हुई थी। कटिहार में गाड़ी बदलने के बाद शशिकान्त की स्त्री चुपचाप रोई थी, घंटों। लल्लू की माँ ने कहा था, "बहू! लोटे में पानी है। आँख धो लो; कँकरी पड़ गई है शायद।"

लल्लू की माँ शशिकान्त की बहू के दर्द को समझती है। सब भाग्य का खेल है; नहीं तो सोने-से लड़के शशिकान्त की ऐसी हालत हो? पढ़ने में सबसे तेज, गाने-बजाने में सबसे आगे, कैसा सुन्दर शरीर! क्या हो गया सब! अब तो निपट मतिशून्य है।

"आपसे क्या छिपाऊँ? कपड़ा-बस्तर भी अब मैं ही पहना देती हूँ। सोच रही हूँ, इस बीच कौन देख-सुन करेगा? कौन दोनों शाम मुँह में कौर डालकर खिलाएगा?" उसका गला भर आया।

"बाबा बैदनाथ का नमा जाप करो बहू!" लल्लू की माँ मन-ही-मन जपने लगी–बैदनाथ।

जाप करते-करते लल्लू की माँ ऊँघने लगी।...बहू तो तम्बाकू छूती नहीं। लल्लू का बाप हुक्के के बिना एक घड़ी भी नहीं रह सकता।...कौन तैयार कर देता होगा? रोज पाँच बार हुक्का पटककर लल्लू पर गुस्सा उतारा जाएगा–'तम्बाकू का डिब्बा भी ले गई है अपने साथ! यह कौन सड़ा हुआ तम्बाकू चिलम में डालकर ले आया है?'...तम्बाकू और कौन होगा? चिलम में डालने के पहले जरा-सा गुड़ कौन मिला देगा? लल्लू की माँ ससुराल में पैर रखने के बाद से ही यह काम करती आई है। सास को हुक्का पिलाकर ही बस में किया था, अन्त में। सास के बाद लल्लू के बाप को हुक्के की लत लगी।...'गीता की माँ! सचमुच तुम तम्बाकू में कुछ मिलाती हो। हुक्के में दम लगाने के बाद मन बादशाह हो जाता है!...'

घूटर साह की बूढ़ी जगकर चीख उठी–"हाय रे दैब! मेरा लोटा? लोटा कोई ले गया।...गया लोटा!"

सभी यात्रियों को अपने-अपने लोटे की याद आई। घूटर साह ने झुँझलाकर कहा, "अच्छा हुआ। हर टीशन पर लोटा बढ़ाकर पानी-पांडे को

बुलाओ अब।...घुच-घुच!"

साह और सहुआइन में ठंडी लड़ाई चल रही थी, घर से ही शायद! सहुआइन ने तीखा जवाब दिया—"प्यास लगने पर पानी नहीं तो क्या पिए आदमी? पानी में भी दाम लगता है?"

साह ने खनखनाती हुई तीखी और पतली आवाज में कहा, "पसेरी भर ताजा-भाजा और...।" आधी बात भद्दे इशारे से पूरी की साह ने।

तिलमिला उठी बूढ़ी—"ताजा-भाजा, ताजा-भाजा! चुटकी-भर ताजा-भाजा क्या खाया कि इनकी सम्पत चबा गई। जिसके दाँत हैं वह एक बार नहीं हजार बार खाएगी ताजा-भाजा!"

लल्लू की माँ को अपने घरवाले की याद आई।...लल्लू का बाप ऐसा नहीं। खाने-पीने की बात को लेकर कभी झगड़ा करेगा लल्लू का बाप? इतना ओछा नहीं। और वह भी क्या सहुआइन की तरह ताजा-भाजा या दाल-पूरी खाती? कभी नहीं।...

खंखड़ ओझा कान पर से जनेऊ उतारते हुए टट्टी से निकला—"लोटा मेरे पास है। झगड़ा मत कीजिए कोई। खंखड़ ओझा जिस कोठरी में रहेगा उसमें चोर-चुहाड़ झाँकी मारने आएगा?...आप लोग निश्चिन्त होकर अपाना-अपाना जगह के मुताबिक आराम कीजिए।"

सहुआइन शान्त नहीं हुई। बोली, "कल मैं लौटकर जा रही हूँ। नहीं जाती तीरथ करने मरकट-किरपन्नी आदमी के साथ।"

"वैद्यनाथ, वैद्यनाथ!" खंखड़ ओझा ने कहा, "यात्रा में झगड़ा-तकरार और मुँह-फुलौवल करके अपने साथ-साथ दूसरों का भी पुण्य चौपट क्यों करते हैं? देखिए तो, मायजी क्या शान्ति से बैठी हैं!" खंखड़ ने लल्लू की माँ की ओर दिखाकर कहा। सहुआइन खंखड़ से कुढ़ी हुई है।...लल्लो-चप्पो और आयजी-मायजी करे लल्लू की माँ के पास और ले जाने के समय लोटा सहुआइन का। बड़ा सस्ता है लोटा सहुआइन का! सभी झगड़े की जड़ है यह खंखड़! बोली, "सभी जातरी बराबर हैं तुम्हारे लिए। फिर कटरिया टीशन पर गरम दूधवाले का पच्छ लेकर क्यों बोलने लगे?"

खंखड़ ओझा तब तक कंकड़ की चिलम सुलगा चुका था। बोला, "सहुआइन! मैं तुम्हारा कर्जदार नहीं।...आँखें लाल करके मत बात कीजिए

पर-परदेस में। दूधवाले का पच्छ? घंटा-भर, दूधवाले को रोककर दर-भाव करेंगे, असली दूध है या पानी मिलाया हुआ, परखेंगे, और तब जाकर एक छटाँक दूध लेंगे साहजी। सो, इतनी देर तक तो इसपरेस गाड़ी छोटे टीशन पर नहीं रुकेगी।" खंखड़ ने जगे हुए यात्रियों की ओर मुखातिब होकर पूछा, "आप ही लोग बताइए जरा, रुकेगी?"

शशिकान्त की स्त्री भी जगकर बैठ गई थी। उसको लगा, यात्रा में झगड़ा करके सारी मंडली की यात्रा को अशुभ कर रही है सहुआइन। यात्रा अशुभ होने से पुण्य मिलने में झंझट होगा।...एक तो विधाता ने उसको जन्म न जाने किस अशुभ नच्छत्तर में दिया कि मिली हुई पुण्य की गठरी भी हाथ से निकल गई। सोना छूती है तो माटी हो जाता है।

शशिकान्त की स्त्री धीरे-धीरे रोने लगी।

लल्लू की माँ ने उसकी कलाई पर हाथ रखा और कान के पास मुँह लाकर धीरे-से बोली, "रोओ मत...बेटी!"

...बेटी? शशिकान्त की स्त्री ने आँखें पोंछ लीं।

गाड़ी किसी बड़े पुल को पार कर रही थी। घड़घड़ाहट बढ़ती गई। सहुआइन अपने बूढ़े के कलेजे को जानती है। कोने में दुबके हुए साहजी की ओर देखकर इशारे से पूछती है–कलेजे की धुकधुकी बढ़ गई क्या?

पुल गुजर गया। घूटर साह कुछ बोला नहीं। पैर की ओर इशारा करके दबाने को कहा। ठीक उसी समय खंखड़ ओझा ने अपने यात्रियों को चेतावनी दी–"बिहपूर! थाना-बिहपूर आ रहा है। यहाँ गाड़ी बदलैया होगी। आप लोग अपाना-अपाना गठरी-झोला सम्हालते जाइए।..."

सहुआइन को लगा, खंखड़ ने जान-बूझकर बिहपुर स्टेशन को नजदीक बुला लिया है। बूढ़े की वाय तेज हो गई है। बिना पैर की नाड़ी टीपे सीधा होकर बैठ भी नहीं सकेगा...।

बाबा बूढ़ानाथ के दर्शन के समय साह और सहुआइन खंखड़ ओझा के गोल से निकल गए–"हम लोगों के दूसरे पंडाजी हैं, कानकुबुज बाभन।"

खंखड़ ओझा ने चौबे पंडाजी की बात मान ली। यात्रियों को लेकर

वे आपस में लड़ते हैं, झगड़ते हैं, लेकिन ऐसे यात्रियों को लेकर नहीं। वह मैथिल पंडे का कारपरदाज-एजेंट है। वह कान्यकुब्ज पंडे के कारपरदाज-एजेंट का हक नहीं मारेगा। खंखड़ ने बाकी जजमानों से कहा, आँख टीपकर, "जाने दीजिए, हमेशा का खटखट दूर हुआ!"

यात्रियों में अधिकांश घूटर साह के कर्जदार थे, लेकिन साह-दम्पति के विछोह से किसी का दिल छोटा नहीं हुआ।

छोटा हुआ लल्लू की माँ का मन, बूढ़ानाथ के मैथिल पांडे की बात सुनकर। यात्रियों की वंशपंजी पढ़ते हुए लल्लू के दादा का नाम लिया, फिर लल्लू के बाप का। इसके बाद रुककर बोला, "बजरंग चौधरी की बेवा आई है?"...आँख रहते अन्धा और किसको कहते हैं! नः नः, तीर्थ के पंडे को भला-बुरा नहीं कहना चाहिए। लेकिन, सिन्दूर देखकर भी जो बेवा कहे उसको क्या कहा जाए?...जै बाबा बूढ़ानाथ!

लल्लू की माँ मन में दुखी हुई, उसका भी कोई दूसरा पंडा क्यों नहीं हुआ? अजगैबीनाथ के पंडाजी ने ऐसी गलती नहीं की, देखते ही उसने कोई दोहा कहा—"सदा सुहागिन सेवती अजगैबी के पाँव!"

दो नीमजवानों में से एक है शशिकान्त का छोटा भाई चन्द्रकान्त—अपनी भाभी के साथ आया है; अजगैबीनाथ के नाम पर हँसनेवालों में से एक। अजगैबीनाथ की सीढ़ी पर चढ़ते समय रोने लगा—"अब आगे नहीं ऐ बाप...भौजी गे-ए-ए!"

बीच गंगा में हैं अजगैबीनाथ, टीले पर!

शशिकान्त की स्त्री भी सीढ़ी पर रुककर रोने लगी—"चन्दरबाबू, कलेजा बाँधिए। बैठिए मत!" लल्लू की माँ ने मीठी झिड़की दी दोनों को—"लाज नहीं आती रे चन्दरा! औरतों से भी गया-गुजरा है क्या रे? और, तू क्यों रो रही है?"

खंखड़ ओझा ने चन्द्रकान्त को सहारा देकर सीधा किया—"अब कहिए बाबूसाहब! है न सचमुच अजगैबीनाथ?" खंखड़ ने शशिकान्त की स्त्री की ओर देखा। वह लजाती हुई आँसू पोंछ रही थी।

घूटर साह के पंडे ने न जाने क्यों अजगैबीनाथ के माहात्म्य को विशेष महत्त्व नहीं दिया। साह दम्पति को लेकर सीधे वैद्यनाथ-धाम चला गया, लारी

से।...अजब महातम! रास्ते में लारी बिगड़ गई। खंखड़ के यात्रियों से बारह घंटे बाद पहुँचे!

खंखड़ ने अपने खास पंडाजी के घर पर पहुँचकर 'बम वैद्यनाथ' की टेर लगाई—"ओझाजी! खोलिए किवाड़ी! कुल जमा बयालीस में से दो घचपच। बाकी बचे उनतीस मर्दाना, नौ जनाना, दो नीमजवान!"

'बम वैद्यनाथ' टेरते हुए खंखड़ के तोंदियल पंडाजी बाहर आए—"जै हो! जै हो! चलिए अन्दर। उत्तरवाले ओसारे पर आप लोग डेरा-डंडा डालिए।...खंखड़! हिसाब-किताब बाद में, पहले यात्रियों का जुगुत लगा दो। पानीकल, पैखाना, नाली सबको दिखला दो। भोजन-छाजन...?"

ऊपर की माला से झुककर पंडाइन भी देख रही थी। बोली, "खंखड़! आय-माय लोग कितनी हैं? नौ? नीचे जगह न हो तो ऊपर ले अइयो बरंडा पर, यहाँ भी बहुत जगह है।"

खंखड़ ने लल्लू की माँ की ओर दाँत निपोरकर देखते हुए, धीरे-से कहा, "जैसी मर्जी आप लोगों की। सबके साथ नीचे रहिए, यह भी अच्छा। चाहे, नवो जनि ऊपर जाइए, यह भी अच्छा।"

दिन का समय होता तो आँख की कनखी से लल्लू की माँ को सचेत कर देता—'ऊपर नहीं!' किन्तु रात को धुआँकस लालटेन की रोशनी में वह दाँत निपोरने के सिवा और क्या करे? पंडाइन ने अँधेरे में भी खंखड़ के चेहरे पर आए हुए भावों को परख लिया। पिछले साल भी खंखड़ ने पंडाइन के साथ ऐसी ही चालबाजी की थी।

"लेकिन बाहर-भीतर जाने के लिए—याने लघुशंका, दिसा-टट्टी—सबको नीचे ही आना होगा।" खंखड़ ने आखिरी 'लेकिन' लगाने की चेष्टा की। पंडाइन ने मानो खंखड़ के सिर पर रोड़ा तानकर मारा, ऊपर की माला से—"खंखड़! राह-घाट की बुद्धि अपनी राह-घाट तक ही रखो; घर में नहीं।...समझे! यहाँ पहुँचकर जजमानों का हुकुम मत चलाओ। बाहर-भीतर और ऊपर-नीचे की जिम्मेवारी तुम्हारे सिर नहीं।..."

पंडाजी बाहर आए। बोले, "क्या बात है, खंखड़?"

खंखड़ का आत्मसम्मान हठात् सजग हुआ—"होगा क्या? पूछिए ऊपर जाकर। पैर की धूल भी नहीं धो पाया हूँ अभी, कि ऊपर से खट-मंगल सुना

रही हैं। राह-घाट की बुद्धि कैसी होती है?..."

पंडाइन ने हाँक दी—"मायजी! ए, दुलहिन-बेटी। आइए आप लोग ऊपर। इतने मर्दों के बीच क्यों रहिएगा, जगह रहते?"

खंखड़ बड़बड़ाता हुआ बाहर चला गया—"अच्छी बात! एक ही माघ में जाड़ा नहीं खत्म होता।" पंडाजी उसके पीछे-पीछे गए—"खंखड़! सुन लो।...जल्दी लौटना खंखड़!"

लल्लू की माँ के साथ सभी औरतें ऊपरवाली माला पर गईं। शशिकान्त की स्त्री ने सीढ़ी पर चढ़ते समय अपने देवर चन्द्रकान्त से पूछा, "चन्दर बाबू! डर तो नहीं लगेगा?" चन्द्रकान्त की चुप्पी ने उसका पाँव छेंक लिया। लल्लू की माँ बोली, "डरेगा क्यों? लल्लू से तीन साल बड़ा है। इतने लोगों के बीच डरेगा?"

शशिकान्त की स्त्री सीढ़ी से उतर गई—"पहली बार परदेस आया है। जरा समझा-बुझा दें।"

पंडाइन ने बातों-ही-बातों में सभी औरतों के मन से लेकर गठरी तक की थाह ले ली। सोने के पहले लल्लू की माँ के कपाल में 'बम बैदनाथ बाम' मल गई—"दवा नहीं, जादू है जादू! अभी तुरत सिर का दर्द कहाँ जाता है, सो देखिए!" डोमन की माँ ने तलहथी फैलाई तो पंडाइन उसका मुँह देखने लगी। बोली, "बेकार लगाने से सिर में दर्द हो जाए। ऐसी दवा है यह!"

डोमन की माँ ने तलहथी समेट ली।...डोमन की माँ ने पंडाइन को सिर्फ चिउड़ा दिया। खंखड़ को खुरमा देने नीचे गई थी।

डोमन की माँ को सहुआइन की याद आई, अचानक। सहुआइन की अनुपस्थिति उसके मन में जोर से खटकी इस बार। सिरहाने झोला लेती हुई शशिकान्त की स्त्री से बोली, "बहू, जरा पैर टीप दो लल्लू की माँ का।"

लल्लू की माँ बोली, "मैं पैर नहीं टिपवाती।"

डोमन की माँ सतरंजी पर लुढ़कती हुई बोली, "मेरी बहू ने तो मुझे ऐसी आदत लगा दी है कि...। टैन में डोमन ने टीप दिया तो थोड़ी-सी नींद आई।"

शशिकान्त की स्त्री ने डोमन की माँ के पैर पर हाथ दिया...न जाने किसका आशीर्वाद फल जाए, तीर्थस्थान में! डोमन की माँ ने पैर समेटने की चेष्टा की–"क्या करती है बहू?"

लल्लू की माँ ने कहा, "नींद आ जाएगी, जल्दी। बहू टीप रही है, टिपवा लो।"

"या बुला दूँ तुम्हारे बेटे को?" पंडाइन ने जाते-जाते कहा, "जवान बेटे से पैर टिपवाती है, सो भी सतबेटे से; ऐसी बात पहली बार सुन रही हूँ।"

पंडाइन की दाई बरतन धोती हुई बोली, "भिन्न देश के भिन्न रिवाज।"

साथ की अन्य स्त्रियाँ पहले ही सो चुकी थीं। डोमन की माँ ने पंडाइन की बात का कोई जवाब नहीं दिया; पर-परदेश, पर-भूमि में कौन लड़ाई-झगड़ा करे?

शशिकान्त की स्त्री को रात-भर नींद नहीं आई। पास ही, गली में कोई रह-रहकर पुकार उठता था। गले की आवाज ठीक...उन्हीं की आवाज-जैसी! जै बाबा...बैदनाथ!

लल्लू की माँ ने नींद में ही दो बार शशिकान्त की स्त्री की पीठ को धीरे-से सहलाकर कहा, "मत रोओ बे...टी...। हा-य-हा..."

बारह घंटे पहले पहुँचने से क्या होता है? घूटर साह, बारह घंटे बाद पहुँचकर भी सबसे पहले दर्शन कर आया।...खंखड़ का पंडा बहुत ठंडे पानी का आदमी है। घरवाली के डर से घर में ही जो चूँ नहीं बोलता, बाहर कैसे फूटेगी उसकी बोली? घरघुसरा-पंडा! दिन-भर घर में ही घुसा रहता है।...हाय पैसा कि हाय पैसा! बीवी, बाल-बच्चे सभी के हाथ हमेशा पसरे ही रहते हैं।...

दर्शन और जलढारी के बाद खंखड़ के जजमान आपस में घुनघुनाकर बातें करने लगे हैं...पंडा और पंडाइन की नजर, बस, एक ही जजमान पर रहती है, हमेशा।...देखना है लल्लू की माँ कितनी अशर्फियाँ लुटाती है, दच्छिना में।...शिवगंगा में मुँह धो रखे! एकनजरा पंडा, दूसरी बार से हम लोग भी कानकुबुज पंडा रखेंगे।

डोमन की माँ अपने बेटे के साथ घूटर साह का बासा देख आई है। आते ही मुँह-हाथ चमकाकर बोली, "बासा है सहुआइन का! हाँ, जिसको बासा कहते हैं। तीन-तीन कलटेरी हैं। तीनों से दिन-भर छुर-छुर गिरता रहता है पानी। नया पोख्ता मकान है।...सहुआइन पलँग पर सोई थी! पंडा की घरवाली पूरी छान रही थी, साह-सहुआइन के लिए। सहुआइन का कानकुबुज पंडा देखने में भी असली पंडा लगता है। कहता था, जजमान तो भगवान दाखिल है।"

सामने फाटक से खंखड़ को आते देख, वह चुप हो गई।...यह खंखड़ भी नम्बरी फक्कड़ है। शशिकान्त की बहू को न जाने किस अघोरी बाबा के अखाड़े पर ले गया था, सो अभी लौटा है। उसने पूछा, "क्या कहा अघोरी बाबा ने? कितना गाँजा लिया? कुछ उम्मेद...?"

सदा रोनेवाली शशिकान्त की स्त्री हठात् सनक गई क्या? दाँत-पर-दाँत पीसती हुई कर्कश कंठ में कलकला उठी—"चुप हरजाई छिनाल! हर काम में टोकेगी, उठते-बैठते छींकेगी, हर बात में आगे बढ़कर लुब-लुबकर रोकेगी।...रे! सतबेटा-घिनौनी! जाते समय टोककर कलेजा ठंडा नहीं हुआ, तो आते ही..."

"सुनते जाइए! सुन लो सब कोय!" डोमन की माँ दोनों हाथ ऊपर की ओर उठाकर पंचगुहार देने लगी है—"जरा-सा भी मुँह में लगाम इस खलीफा की रखेलिन के? मारे मुक्का के अभी नाक की हड्डी तोड़ती हूँ। नथियावाली पतुरिया? मुझे कहती है सतबेटा-घिनौनी!...नैहर के खलीफा से बूटेदार चोलिया मशीन पर सिलाकर पहनो जाकर। देवता-पित्तर को क्या मनाने आई है? तू फीता लेकर सीना नपवाएगी, खलीफा की दाढ़ी में मेंहदी लगाएगी और घरवाला अपने चसम से देखकर भी होश में रहेगा, तेरा? ऐं? पूछूँगी नहीं? गाँव का नाम हँसाएगी पर-परदेस में आकर, टोकूँगी नहीं? रास्ता-भर आँख लड़ाती आई है, खंखड़वा से...।"

"ए! ए! देखिए, हमको मत लपेटिए...। मुँह सम्हालके।"

लल्लू की माँ सीढ़ी से उतरते समय लुढ़क गई, जल्दबाजी में—"आगे-माँ!"

सुलगते हुए झगड़े पर एक घड़ा पानी पड़ गया मानो। सभी दौड़कर

लल्लू की माँ के पास गए...चोट तो नहीं लगी, ज्यादे?

डोमन की माँ, डोमन को धिक्कारती हुई रोने लगी–"रे! दुर-दुर! तू मरद है रे? तेरे सामने मुझे बेपर्द करके गाली देती है और तू इसकी नाक के नकबेसर में आँख खोंसकर खड़ा है?"

अब पंडाइन की खड़ाऊँ खटखटाई–"ए छिः छिः! कहाँ की ललबेगिया सब आई हैं तीरथ करने, बाबा-धाम! जिसको लड़ाई-झगड़ा करना है, जाकर बाहर मोड़ पर कुँजड़ियों के साथ बैठे।"

लल्लू की माँ ने डोमन की माँ का हाथ पकड़कर कहा, "डोमन की माँ, सुनो, तुम चुप रहो।"

डोमन की माँ ने झटककर हाथ छुड़ा लिया–"तिस पर, पच्छ लेने आई हैं, यह ऊपर से!"

"तू चुप क्यों नहीं रहती बहू? क्या हुआ? बात क्या है? पगली हो गई क्या?"

...शशिकान्त की स्त्री कैसे न पगली हो! अघोरी बाबा ने गाँजा पीकर आँखें मूँद लीं। इसके बाद फटाफट सबकुछ बता गए–'तुम्हारे साथ एक बेवा आई है। वही तुम्हारे दुःख का असल कारन है।' गिरोह में डोमन की ही माँ एक बेवा है। हाथों-हाथ पकड़ी गई है यहाँ आकर। बाबा-धाम में...।

लल्लू की माँ ने डाँट बताई–"तू अकेली क्यों गई? जानती है, यह तीरथ है। कितने ठग-ठठेरे भी साधू-बाबा बनकर लोगों को ठगते हैं! उनकी बातों की परतीत करती है?...लगता है, तुम्हारी बुद्धि भी लोप हो रही है, अब।"

शशिकान्त की स्त्री फिर भिनभिनाने लगी–"खंखड़...!"

"फिर खंखड़ का नाम लेती है!"

खंखड़ मौका पाकर बाहर चला गया था।...झगड़े के सिलसिले में न जाने क्या-क्या खुले!

डोमन की माँ को सहुआइन ने बात दी है, काशीजी जाने का आधा खर्च देगी।

...लल्लू की माँ को अच्छी तरह पहचान गई है वह इस यात्रा में। अन्दर-ही-अन्दर पेच लगाती है। डोमन की माँ रोती रही, मद्धिम सुर में।

आँख-नाक पोंछते समय बोली बोलकर कोसती, एक-एक यात्री को–"कोई नहीं, कोई नहीं, अपना कोई नहीं। बेटे ने भी कह दिया, 'तुम दूसरों की बात में बेकार पड़ने जाती हो। ठीक हुआ है!' हे राम! उठा लो बाबा, अपने धाम में ही।"

गिरोह से सिर्फ़ दस जन काशीजी जा रहे हैं–सात मर्दाना, तीन जनाना। गिरोह से बाहर के साह और सहुआइन को जोड़कर बारह...

डोमन की माँ उदास होकर लौटी, सहुआइन के बासा से।...साह को हँफनी शुरू हो गई है। सहुआइन का पेट-मुँह दोनों जारी है। डाक्टर-पर-डाक्टर, जकशैन-पर-जकशैन पड़ रहा है।...अब कैसे जाऊँगी काशीजी! सब तकदीर के फेर!

बारह में से भी चार घट जाएँगे। आठ?...आठ-काठ, मुर्दाघाट? लल्लू की माँ ने गठरी बाँधते हुए कहा, "तकदीर का फेर नहीं, बुद्धि का फेर। टिकस तो कटाना ही नहीं है। रह गया खेवा-खर्चा? आधा खर्चा मैं दूँगी। चलो, डोमन से कहो गठरी बाँधे।"

काशीजी जानेवाले यात्री घर लौटनेवालों के हाथ अपने-अपने घरवालों को चिट्ठी भेज रहे हैं। चन्द्रकान्त और डोमन चिट्ठी का मजमून लिख रहे हैं। '...मालूम हो कि बाबा बैदनाथ जो बाबा विश्वनाथ ओ गंगा माई की दया से हम लोग बाबा-धाम में अलख जगाकर, काशी धाम...!'

...लल्लू की माँ नहीं लिखवाएगी चिट्ठी-पत्तरी! डोमन की माँ मना रही है उसको–"लल्लू की माँ, दो कलम लिखा दो। डोमन लिख देगा।...कागद-कलम लेकर बैठा है, तभी से।"

...डोमन और डोमन की माँ ने लल्लू की माँ को हठात् पहचान लिया है। बड़ी दराजदिल है लल्लू की माँ। आधा खर्च नहीं, डोमन की माँ का पूरा खेवा-खर्चा देगी, डोमन का खर्चा गिरोह-भर के यात्री मिलकर देंगे। मंडली में यही एक पढ़वा रह जाएगा। चन्द्रकान्त तो वापस जा रहा है अपनी भाभी के साथ। लल्लू की माँ ने बहुत सोचने-विचारने के बाद मोतिया की माँ के नाम एक खत लिखाया। डोमन हँसने लगा।

लल्लू की माँ ने कहा, "लिखना हो तो लिखो। उन लोगों के जाने का समय हो गया। मैं मोतिया की माँ को ही दूँगी चिट्ठी, बस!"

डोमन लिखने लगा–'आगे मखनी को मालूम हो, कि हम लोग आज काशीजी की गाड़ी पकड़ रहे हैं। आगे समाचार, जो बागड़ यदि नहीं बेचा है बिश्नू ने, तो बागड़ बेच देने को कहना बिश्नू से। लल्लू बदमाशी नहीं करे। संझा को उसकी माँ आजकल बहुत मारती-पीटती है। काम कराती है उत्ती जरा लड़की से। बहू से कहियो, मंगलवार को नहाकर अरवाइन करे। भूलोटन के माथे में दो जट छोड़ दे, केश कटाते समय। मेरे काठ के बक्स के पीछे में जो पीपा है, उसमें तम्बाकू है। चिलम में डालने के पहले गुड़ जरूर मिला देना, जरा।...बाबा बैदनाथ और बाबा विश्वनाथ और गंगा माई से तुम लोगों का भला मानती हूँ जो सुनकर दिल आनन्द होय...।'

घर लौटनेवाले यात्रियों की टोली ने 'बम बैदनाथ' की टेर लगाई। खंखड़ साथ जा रहा है। हर जजमान के घर सात-सात दिन तक सत्संग करेगा...शशिकान्त की स्त्री पैर छूने झुकी तो लल्लू की माँ ने उसको दोनों हाथों से पकड़ लिया–"बहू! बाबा बैदनाथ के दरबार में हम लोगों का पैर मत छुओ, जाओ, सबका कल्यान हो।...जै बाबा विश्वनाथ!"

काशीजी के अपने पंडे को जानती है लल्लू की माँ। पंडाजी कई बार उसके घर आए हैं। इतने दिनों के बाद वह बिश्नाथ के दर्शन करने जा रही है, अकेली। पंडा का नाम याद है, भोलाजी पंडा। बिसेसरगंज...। पता नहीं भोलाजी पंडा अब हैं या नहीं? अब जो हो, जाने बाबा बिश्नाथ! अब तो काशीजी की गाड़ी में बैठ गई है।

...पच्छिम की ओर भागी जा रही है गाड़ी।...पच्छिम...पच्छिम... पच्छिम! कब से सुनती आ रही है लल्लू की माँ, पच्छिम की बात। पच्छिम के गाँव-घर, खेत-खलिहान, औरत-मर्द, बोली-बानी, सभी का झाँकी-दर्शन गाड़ी की खिड़की से करती रही।...झाझा स्टेशन पर जो औरत गाड़ी में आई थी, उसकी हँसुली का काट कितना बढ़िया था!...किउल जंकशन पर एक लड़का ठीक बिश्नू की तरह, हू-ब-हू बिश्नू-जैसा दिखाई पड़ा। और फिर लल्लू की माँ का मन पूरब की ओर भागा।

...आते समय यह भी नहीं देखा कि कैसी तसवीर बनवाकर लाया है

बिश्नू। एक दिन कह रहा था बिश्नू, कि दोनों को एक संग बैठाकर फोटो लूँगा। माँ-बाप से भी हँसी-खिलवाड़ करते हैं, पढ़वा लड़के। उसका बाप भी तो वैसा ही है। सुनके बोला, कि ठीक ही तो कहता है। कहो भला, इस बुढ़ापे में जोड़ीवाली तसवीर छपाने का शौक...!

लल्लू की माँ ऊँघने लगी!...जोड़ीवाली, बड़ी-सी...स्टेशन की दीवार पर चिपकी हुई तसवीर।...लल्लू का बाप! जोड़ा छापी...। ऐं?

चिहुँककर उठ बैठी—यह कैसा सपना? लल्लू का बाप छापी में बैठा-बैठा ही गिर पड़ा, बेजार! जै बाबा बिश्नाथ!

...मुगलसराय!...खाँय-खाँय...बन्दर खिड़की पर...डोमन बन्दर...बन्दर-डोमन। डोमन की माँ की मूँछें! ऐं-य?...

डोमन की माँ पुकारती है—"लल्लू की माँ...कैसा जी है? अरे, बाप! देह तो भट्ठी की तरह जल रही है। रे डोमन! काकी को तो बहुत तेज बुखार है।"

सिर धोने के बाद जी कुछ हल्का हुआ।...गाड़ी की खिड़की से झाँकी-दर्शन किया काशी-बिश्नाथ का! पुल के भागते हुए खम्भों के बीच से—गंगाजी, काशीजी...वही है धरहरा? जै गंगा महारानी की, जै! जै काशी बिश्नाथ!

भोलाजी पंडा दिन गुनकर आया था, शायद। ठीक लल्लू की माँ की खिड़की से झाँककर अचकचाया—"अरे जजमानिन?...चौधरी भाई कहाँ?"

...जै बाबा बिश्नाथ! सब तुम्हारी दया, सब तुम्हारी माया। नहीं तो भोलाजी पंडा को किसने भेज दिया, समय पर?

सभी यात्री भोलाजी पंडा के डेरे पर गए। भोलाजी पंडा आजकल बिसेसरगंज में नहीं, मानमन्दिर गली में रहता है। ठीक दशाश्वमेध की बंगल में, पोस्ट-ऑफिस के पिछवाड़े। भोलाजी पंडा के दो जवान लड़के हैं। दोनों पढ़े-लिखे कमाऊ पूत हैं। दोनों बहुएँ भी पढ़ी-लिखी हैं। घरवाली नहीं रही, अब। एक प्यारी बेटी छोड़ गई है—अन्नू। अपना सभी गुन दे गई है। अन्नपूर्णा बहुत सेवा-जतन करना जानती है। सभी को पूछकर हाजमा-गोली बाँटती है। कटे-जले की दवा देती है। बोली कैसी मीठी है! फुर्ती कितनी है देह में! लेकिन बहुओं के मन में काफी गरब-गुमान है।

तीन दिन हुए; दिन-रात सेवा कर रही है अन्नपूर्णा, लल्लू की माँ की।

"माँजी! आज जी कैसा है?" कपाल पर हाथ रखकर बोली, "आज तो बुखार नहीं है। परवल का जूस बना दूँ?...आज देह पोंछ दूँगी।"

...देह पोंछ देगी, अन्नपूर्णा? हाय रे, तकदीर! काशीजी आकर, गंगा की एक झलक देखकर रह गई, लल्लू की माँ। गंगा नहाने के बदले देहपोंछन?

...आज तीसरा दिन है। यात्री लोग लल्लू की माँ के लिए बैठे रहेंगे क्या? गंगास्नान, विश्वनाथ-अन्नपूर्णा-दर्शन, आस भैरो-काल भैरो, गनेशजी, गोपालजी, दुर्गाजी–सभी देव-देवियों का दर्शन कर चुके हैं। आज विश्वविद्यालय गए हैं। कल रामनगर जाएँगे, दिन-भर रहेंगे; रात में रामलीला देखकर लौटेंगे।...तकदीर का फेर।...सबकुछ समझती है लल्लू की माँ। डोमन को, डोमन की माँ को, सबको पहचान गई है। दैव रे! अन्नपूर्णा नहीं रहती तो इसी यात्रा में काशी-लाभ...।

भोलाजी पंडा चौखट के पास खड़ा है। लल्लू की माँ ने कपड़ा सरका लिया। भोलाजी ने पूछा, "आज तो जी अच्छा है, क्यों जजमानिन? घबड़ाइए मत, कल गंगा-स्नान, बाबा विश्वनाथ का दर्शन सब हो जाएगा।"

अन्नपूर्णा कठौते में पानी ले आई। पानी नहीं, गंगोत्री!

...जै गंगा! जी जुड़ गया।...परवल के जूस में इतना स्वाद होता है? बेटी...अन्नपूर्णा...नींद आ रही है।

...डोमन ने बीस रुपया वापस नहीं किया? क्या मतलब है माँ-बेटे के मन में? लगता है, सभी यात्री लल्लू की माँ के भरोसे ही आए थे। कल पाँच-दस के हिसाब से हर आदमी ने माँग की, बारी-बारी, बुखार में भी। लल्लू की माँ ने एक नम्बरी नोट निकालकर दिया–"कागज पर सभी का नाम लिखकर अस्सी रुपए बाँट दो, बाकी बीस वापस कर देना, मुझे।" लेकिन, डोमन...? अब तो एक बार झाँककर हाल पूछ जाता है, बस–'काकी, क्या हाल है?' डोमन की माँ भी अब जी चुराकर आती-जाती है। धन्न है बेटी अन्नपूर्णा। गीतिया की तरह निरधिन होकर सेवा करती है।...इतनी उलटी कभी नहीं हुई किसी बीमारी में!...

...लगता है, यात्री लोग लौट आए। अभी ही डोमन की माँ एक बार

झाँककर पूछने आएगी। लल्लू की माँ किसी से बात नहीं करना चाहती।... वाह री बेटी अन्नपूर्णा, सभी को मना कर रही है—"शोरगुल मत कीजिए। माँ जी सो रही हैं।"

...ऐं? कौन? रात है या दिन, अन्नू बेटी?

...रात? भोर?...हर-हर महादेव शम्भो, काशी विश्वनाथ शंकर!... ठिठुरती हुई आवाजें...बगल में कब आकर सो गई अन्नपूर्णा? गाँव-घर की बात कितने चाव से सुनती है! लल्लू की माँ से परिवार के एक-एक आदमी के बारे में सुन चुकी है। 'रुनकू तोते के लिए क्या ले जाओगी खरीदकर माँजी?...'

चार बजे भोर को ही सभी यात्री निकल पड़े। दिन-भर रामनगर में रहेंगे, रात में रामलीला देखकर लौटेंगे।...डोमन झाँकी मारकर देखने भी नहीं आया। उसकी माँ को आज प्रातकी गाने का शौक हुआ है—'तेरी गति लखि ना परे हो दयानिधि!'

पुण्य कोई नहीं बाँट देता किसी को। लेकिन बीमारी की छूत लग जाती है।...दूर रहो! दूर रहें लल्लू की माँ से सभी, बीमारी लग जाएगी। लाल बोखार—फुलू!

अन्नपूर्णा आँखें मलती हुई उठी—"माँजी!...माँजी!"

...इस लड़की को आँख में बैठा लेने का मन होता है। सोते-उठते, 'माँजी-माँजी' रटती रहती है। बेचारी, बिना माँ की बेटी। भोलाजी पंडा कहता है, साथ जाएगा लल्लू की माँ को पहुँचाने। अन्नपूर्णा को भी ले जाएगी लल्लू की माँ। पंडा भी ब्राह्मण है। कानकुबुज हो या मैथिल, है तो आखिर ब्राह्मण। तिस पर काशी-वासी ब्राह्मण! शाम को लल्लू की माँ ने अन्नपूर्णा से कहा था, "अन्नू, तुमको अपने साथ ले जाऊँगी।" सो अभी उठते ही कह रही है, "माँजी! अभी मैं सपने में तुम्हारे साथ रेलगाड़ी पर चढ़कर बहुत दूर चली गई थी। हाँ, माँजी! तुम्हारे देश में बड़े-बड़े साँप हैं?...साँप मेरे सामने फन काढ़े खड़ा हो गया। एक भले आदमी ने साँप को डोरी की तरह उठाकर गले में पहन लिया।"

...भोर-भोर, इतनी प्यारी हँसती है अन्नू! लल्लू की माँ भी हँसी—"शिवजी ने दर्शन दिया है।"

"नहीं, शिवजी नहीं। उसने अपना नाम बताया–विष्णु!"

"ऐं?...सच?"

"हाँ, देखो न! अभी तो कलेजा धड़क रहा है साँप के डर से।"

लल्लू की माँ ने अन्नू को छाती से चिपका लिया–ठीक, गीतिया-जैसी देह!...

अन्नपूर्णा अपने बाप के लिए पान लगाने दौड़ी–"आई!"

मुँह-हाथ धुला गई है, अन्नू। फिर भी नींद आ रही है।

...आज भी यदि गंगा स्नान और विश्वनाथ-दर्शन नहीं कर सकी, तब तो हुआ। कल ही लौट रहे हैं, सभी।...अन्नपूर्णा ने सपने में बिश्नू को साँप लपेटते देखा है। उसने लल्लू के बाप की तस्वीर को लुढ़कते देखा था।... क्या चाहते हैं बाबा विश्वनाथ?

अन्नू से पूछना भूल गई, सपने में देखे हुए बिश्नू का नाक-नक्शा कैसा था? आज भोलाजी पंडा गंगास्नान करने जाएँगे, तो...। छिः-छिः, काशीजी आकर भी लोग चोरी-चमारी करते हैं? डोमन की माँ की गठरी से, कुर्माटोली की दासिन की खोई हुई रुद्राक्ष की माला निकली।...माला? लल्लू के बाप के लिए क्या खरीदे शंख, आसनी, माला, चन्दन, गोपीचन्दन, पनडब्बा, जर्दा?...लल्लू के लिए! संझा के लिए? भूलोटन के लिए? रुनकू तोता के लिए? अन्नू ने कुछ नहीं पूछा, लल्लू के बाप के बारे में! कितनी समझदार लड़की है!...

"माँजी...माँजी! इधर देखिए, पहचानिए तो कौन है?"

अरे! लल्लू? अकेला? कैसे?...अन्नू किसको देखकर हँस रही है, और? बरामदे पर चिर-परिचित हल्की खाँसी सुनकर प्रसन्न-लज्जा से लल्लू की माँ का चेहरा लाल-सुर्ख हो गया। सिर पर कपड़ा सरका लिया।...अपने भी आए हैं!

अन्नपूर्णा की ऐसी हँसी नहीं देखी किसी ने। लल्लू को कमरे में ले आई–"पैर छूकर प्रणाम करो!" लल्लू ने लजाकर पाँवलागी की।

माँ ने कहा, "अन्नू दीदी के पैर छुओ!"...अन्नू भागी।

लल्लू की माँ बार-बार आँख मलकर खोलती है, लल्लू को देखती है। आँखों में आँसू टलमला रहे हैं। उधर, बरामदे में पंडा-जजमान-मिलन हो रहा

है–"...जै हो, जै हो! बाबा विश्वनाथ की दया! कुशल समाचार?...बेटी अन्नू, एक दँतुअन ला दो चौधरी काका को।...कैसे पहचान गई देखते ही!"

अन्नू दौड़कर दँतुअन ले आई। भोलाजी पंडा ने पूछा, "क्यों बेटी, लेडी डाक्टर? तुम्हारी माँजी आज गंगा-स्नान करेंगी तो?"

"हूँ-उ!" कहती हुई अन्नपूर्णा गंगा-स्नान की तैयारी करने लगी। अन्दर जाकर लल्लू की माँ की गठरी से साड़ी निकालने लगी।

भोलाजी पंडा और लल्लू के बाप, आगे-आगे चले।...खाली देह, कन्धे पर धोती, गमछी! आश्चर्य! दोनों की लम्बाई, चौड़ाई, मुटाई, कितनी मिलती-जुलती है! एक ही उम्र के होंगे। पीछे-पीछे लल्लू और अन्नपूर्णा के बीच, लल्लू की माँ धीरे-धीरे चल रही है...अन्नू सहारा देती है। लल्लू हाथ पकड़ लेता है, गली से बाहर निकलते ही। सड़क पर गंगा-नहनियों की टोलियाँ, छोटी-बड़ी! बाजेवाले शहनाई और खुरदक बजाते हुए आगे-आगे जा रहे हैं।...

श्रीगंगाजी!...जै-जै गंगे! दशाश्वमेध घाट की पहली सीढ़ी पर खड़ी होकर लल्लू की माँ ने गंगाजी को प्रणाम किया। गंगा की धारा में तैरती हुई नावें...भीड़, कीर्तन, जै-ध्वनि, करताल, साँड़, संन्यासी, कोढ़ी लूले...जै विश्वनाथ!

अन्नपूर्णा का हाथ पकड़कर वह सीढ़ी से नीचे उतरने लगी।...देह थरथराती है। रोम-रोम पुलक रहे हैं। उसके मन की गंगा में अचानक बाढ़ आ गई। उमड़ रही है, मन की गंगा...बेचारी सहुआइन, न जाने कैसी है! भगवान कल्याण करें।...शशिकान्त की स्त्री ने कहा था–'गंगाजी से, बाबा, विश्वनाथ से मेरी भी अरजी सुनाइएगा।' अरजी सुनो...।

लल्लू की माँ सभी की ओर से प्रार्थना कर रही है। जो नहीं आए हैं, जो नहीं आ सके!...लल्लू का बाप तय करके आया है...परयागजी, विन्ध्याचलजी, अयोध्याजी, मथुरा, वृन्दावन...लालसा पूरन करो।...सभी का भला हो।...शंकर, विष्णु, संझा, बह्, भूलोटन...मिट्टी-मिश्रित लार से भरा गोल मुँह...डा-आ-डी-ई!...गीता आई है, ससुराल से। बिश्नू ही जाकर लिवा लाया है।...रुनकू तोता...चित्रकूट के घाट पर भई सन्तन की भीर!...चन्दन, रेल, धूप, दीप, बेलपत्र, फूल!...फूल की चँगेरी लेकर चल रही है अन्नू।...

तीर्थोदक

आखिरी सीढ़ी पर पैर रखते ही तलुवों में गगन-माटी का परस लगा। लल्लू की माँ के मन की उमड़ती हुई गंगा आँखों की राह धार बनकर बह चली।...लल्लू के सिर पर दो बूँद तीर्थोदक गिरा–टप-टप! सिर सहलाने लगी, लल्लू का।...लल्लू का बाप गंगा-वन्दना कर रहा है, उँगली में जनेऊ लपेटकर!

जनानाघाट पर, पानी में उतरती हुई अन्नू पुकारती है–"माँजी, खड़ी क्यों हैं!...आओ लल्लू!"

अन्नपूर्णा ने आकर लल्लू की माँ का हाथ पकड़ा।...लल्लू की माँ का भाग्य! खुद, माँ अन्नपूर्णा उसे नहला रही है।

...गंगे! गंगे! जै हो!

पहली डुबकी लेने के एक क्षण पहले लल्लू की माँ को अपनी माँ की सूरत याद आई–माँ...!

ठेस

खेती-बारी के समय, गाँव के किसान सिरचन की गिनती नहीं करते। लोग उसको बेकार ही नहीं, 'बेगार' समझते हैं। इसलिए, खेत-खलिहान की मजदूरी के लिए कोई नहीं बुलाने जाता है सिरचन को। क्या होगा, उसको बुलाकर? दूसरे मजदूर खेत पहुँचकर एक-तिहाई काम कर चुकेंगे, तब कहीं सिरचन राय हाथ में खुरपी डुलाता हुआ दिखाई पड़ेगा—पगडंडी पर तौल-तौलकर पाँव रखता हुआ, धीरे-धीरे। मुफ्त में मजदूरी देनी

हो तो और बात है।

...आज सिरचन को मुफ्तखोर, कामचोर या चटोर कह ले कोई। एक समय था, जबकि उसकी मड़ैया के पास बड़े-बड़े बाबू लोगों की सवारियाँ बँधी रहती थीं। उसे लोग पूछते ही नहीं थे, उसकी खुशामद भी करते थे। '...अरे, सिरचन भाई! अब तो तुम्हारे ही हाथ में यह कारीगरी रह गई है सारे इलाके में। एक दिन भी समय निकालकर चलो। कल बड़े भैया की चिट्ठी आई है शहर से–सिरचन से एक जोड़ा चिक बनवाकर भेज दो।'

मुझे याद है...मेरी माँ जब कभी सिरचन को बुलाने के लिए कहती, मैं पहले ही पूछ लेता, "भोग क्या-क्या लगेगा?"

माँ हँसकर कहती, "जा-जा, बेचारा मेरे काम में पूजा-भोग की बात नहीं उठाता कभी।"

ब्राह्मणटोली के पंचानन्द चौधरी के छोटे लड़के को एक बार मेरे सामने ही बेपानी कर दिया था सिरचन ने–"तुम्हारी भाभी नाखून से खाँटकर तरकारी परोसती है। और इमली का रस डालकर कढ़ी तो हम कहार-कुम्हारों की घरवाली बनाती हैं। तुम्हारी भाभी ने कहाँ से बनाई!"

इसलिए, सिरचन को बुलाने के पहले मैं माँ को पूछ लेता...।

सिरचन को देखते ही माँ हुलसकर कहती, "आओ सिरचन! आज नेनू मथ रही थी, तो तुम्हारी याद आई। घी की (खखोरन) डाड़ी के साथ चूड़ा तुमको बहुत पसन्द है न...! और बड़ी बेटी ने ससुराल से संवाद भेजा है, उसकी ननद रूठी हुई है, मोथी की शीतलपाटी के लिए।"

सिरचन अपनी पनियायी जीभ को सँभालकर हँसता–"घी की सौंधी सुगन्ध सूँघकर ही आ रहा हूँ, काकी! नहीं तो इस शादी-ब्याह के मौसम में दम मारने की भी छुट्टी कहाँ मिलती है?"

सिरचन जाति का कारीगर है। मैंने घंटों बैठकर उसके काम करने के ढंग को देखा है। एक-एक मोथी और पटेर को हाथ में लेकर बड़े जतन से उसकी कुच्ची बनाता। फिर, कुच्चियों को रँगने से लेकर सुतली सुलझाने में पूरा दिन समाप्त।...काम करते समय उसकी तन्मयता में जरा भी बाधा पड़ी कि गेहुँअन साँप की तरह फुफकार उठता–"फिर किसी दूसरे से करवा लीजिए काम! सिरचन मुँहजोर है, कामचोर नहीं।"

बिना मजदूरी के पेट-भर भात पर काम करनेवाला कारीगर! दूध में कोई मिठाई न मिले, कोई बात नहीं, किन्तु बात में जरा भी झाल वह नहीं बरदाश्त कर सकता।

सिरचन को लोग चटोर भी समझते हैं...तली-बघारी हुई तरकारी, दही की कढ़ी, मलाईवाला दूध, इन सबका प्रबन्ध पहले कर लो, तब सिरचन को बुलाओ; दुम हिलाता हुआ हाजिर हो जाएगा। खाने-पीने में चिकनाई की कमी हुई कि काम की सारी चिकनाई खत्म! काम अधूरा रखकर उठ खड़ा होगा—"आज तो अब अधकपाली दर्द से माथा टनटना रहा है। थोड़ा-सा रह गया है, किसी दिन आकर पूरा कर दूँगा।"...'किसी दिन'—माने कभी नहीं!

मोथी घास और पटेर की रंगीन शीतलपाटी, बाँस की तीलियों की झिलमिलाती चिक, सतरंगे डोर के मोढ़े, भूसी-चुन्नी रखने के लिए मूँज की रस्सी के बड़े-बड़े जाले, हलवाहों के लिए ताल के सूखे पत्तों की छतरी-टोपी तथा इसी तरह के बहुत-से काम हैं, जिन्हें सिरचन के सिवा गाँव में और कोई नहीं जानता। यह दूसरी बात है कि अब गाँव में ऐसे कामों को बेकाम का काम समझते हैं लोग—बेकाम का काम, जिसकी मजदूरी में अनाज या पैसे देने की कोई जरूरत नहीं। पेट-भर खिला दो, काम पूरा होने पर एकाध पुराना-धुराना कपड़ा देकर विदा करो। वह कुछ भी नहीं बोलेगा।...

कुछ भी नहीं बोलेगा, ऐसी बात नहीं। सिरचन को बुलानेवाले जानते हैं, सिरचन बात करने में भी कारगर है।...महाजन टोले के भज्जू महाजन की बेटी सिरचन की बात सुनकर तिलमिला उठी थी—"ठहरो! मैं माँ से जाकर कहती हूँ। इतनी बड़ी बात!"

"बड़ी बात ही है बिटिया! बड़े लोगों की बस बात ही बड़ी होती है। नहीं तो दो-दो पटेर की पाटियों का काम सिर्फ खेसारी का सत्तू खिलाकर कोई करवाए भला? यह तुम्हारी माँ ही कर सकती है बबुनी!" सिरचन ने मुस्कराकर जवाब दिया था।

उस बार मेरी सबसे छोटी बहन की विदाई होनेवाली थी। पहली बार ससुराल जा रही थी मानू। मानू के दूल्हे ने पहले ही बड़ी भाभी को खत लिखकर

चेतावनी दे दी है–"मानू के साथ मिठाई की पतीली न आए, कोई बात नहीं। तीन जोड़ी फैशनेबल चिक और पटेर की दो शीतलपाटियों के बिना आएगी मानू तो...।" भाभी ने हँसकर कहा, "बैरंग वापस!" इसलिए, एक सप्ताह पहले से ही सिरचन को बुलाकर काम पर तैनात करवा दिया था माँ ने–"देख सिरचन! इस बार नई धोती दूँगी; असली मोहर छापवाली धोती। मन लगाकर ऐसा काम करो कि देखनेवाले देखकर देखते ही रह जाएँ।"

पान-जैसी पतली छुरी से बाँस की तीलियों और कमानियों को चिकनाता हुआ सिरचन अपने काम में लग गया। रंगीन सुतलियों में झब्बे डालकर वह चिक बुनने बैठा। डेढ़ हाथ की बिनाई देखकर ही लोग समझ गए कि इस बार एकदम नए फैशन की चीज बन रही है, जो पहले कभी नहीं बनी।

मँझली भाभी से नहीं रहा गया, परदे की आड़ से बोली, "पहले ऐसा जानती कि मोहर छापवाली धोती देने से ही अच्छी चीज बनती है तो भैया को खबर भेज देती।"

काम में व्यस्त सिरचन के कानों में बात पड़ गई। बोला, "मोहर छापवाली धोती के साथ रेशमी कुरता देने पर भी ऐसी चीज नहीं बनती बहुरिया। मानू दीदी काकी की सबसे छोटी बेटी है...मानू दीदी का दूल्हा अफसर आदमी है!"

मँझली भाभी का मुँह लटक गया। मेरी चाची ने फुसफुसाकर कहा, "किससे बात करती है बहू? मोहर छापवाली धोती नहीं, मुँगिया-लड्डू। बेटी की विदाई के समय रोज मिठाई जो खाने को मिलेगी। देखती है न!"

दूसरे दिन चिक की पहली पाँति में सात तारे जगमगा उठे, सात रंग के। सतभैया तारा! सिरचन जब काम में मगन रहता है तो उसकी जीभ जरा बाहर निकल आती है, होंठ पर। अपने काम में मगन सिरचन को खाने-पीने की सुध नहीं रहती। चिक में सुतली के फन्दे डालकर उसने पास पड़े सूप पर निगाह डाली–चिउरा और गुड़ का एक सूखा ढेला। मैंने लक्ष्य किया, सिरचन की नाक के पास दो रेखाएँ उभर आईं। मैं दौड़कर माँ के पास गया। "माँ, आज सिरचन को कलेवा किसने दिया है, सिर्फ चिउरा और गुड़?"

माँ रसोईघर के अन्दर पकवान आदि बनाने में व्यस्त थी। बोली, "मैं

अकेली कहाँ-कहाँ क्या-क्या देखूँ!...अरी मँझली, सिरचन को बुँदिया क्यों नहीं देती?"

"बुँदिया मैं नहीं खाता, काकी!" सिरचन के मुँह में चिउरा भरा हुआ था। गुड़ का ढेला सूप में एक किनारे पर पड़ा रहा, अछूता।

माँ की बोली सुनते ही मँझली भाभी की भौंहें तन गईं। मुट्‌ठी-भर बुँदिया सूप में फेंककर चली गई।

सिरचन ने पानी पीकर कहा, "मँझली बहूरानी अपने मैके से आई हुई मिठाई भी इसी तरह हाथ खोलकर बाँटती है क्या?"

बस, मँझली भाभी अपने कमरे में बैठकर रोने लगी। चाची ने माँ के पास जाकर लगाया–"छोटी जाति के आदमी का मुँह भी छोटा होता है। मुँह लगाने से सिर पर चढ़ेगा ही।...किसी की नैहर-ससुराल की बात क्यों करेगा वह?"

मँझली भाभी माँ की दुलारी बहू है। माँ तमककर बाहर आई–"सिरचन, तुम काम करने आए हो, अपना काम करो। बहुओं से बतकुट्‌टी करने की क्या जरूरत? जिस चीज की जरूरत हो, मुझसे कहो।"

सिरचन का मुँह लाल हो गया। उसने कोई जवाब नहीं दिया। बाँस में टँगे हुए अधूरे चिक में फन्दे डालने लगा।

मानू पान सजाकर बाहर बैठकखाने में भेज रही थी। चुपके से पान का एक बीड़ा सिरचन को देती हुई बोली, इधर-उधर देखकर–"सिरचन दादा, काम-काज का घर! पाँच तरह के लोग पाँच किस्म की बात करेंगे। तुम किसी की बात पर कान मत दो।"

सिरचन ने मुस्कराकर पान का बीड़ा मुँह में ले लिया। चाची अपने कमरे से निकल रही थी। सिरचन को पान खाते देखकर अवाक् हो गई। सिरचन ने चाची को अपनी ओर अचरज से घूरते देखकर कहा, "छोटी चाची, जरा अपनी डिबिया का गमकौआ जर्दा तो खिलाना। बहुत दिन हुए...।"

चाची कई कारणों से जली-भुनी रहती थी, सिरचन से। गुस्सा उतारने का ऐसा मौका फिर नहीं मिल सकता। झनकती हुई बोली, "मसखरी करता है? तुम्हारी बढ़ी हुई जीभ में आग लगे। घर में भी पान और गमकौआ जर्दा खाते हो?...चटोर कहीं के!" मेरा कलेजा धड़क उठा...यत्परो नास्ति!

बस, सिरचन की उँगलियों में सुतली के फन्दे पड़ गए। मानो, कुछ देर तक वह चुपचाप बैठा पान को मुँह में घुलाता रहा। फिर, अचानक उठकर पिछवाड़े पीक थूक आया। अपनी छुरी, हँसिया वगैरह समेट-सम्हालकर झोले में रखे। टँगी हुई अधूरी चिक पर एक निगाह डाली और हनहनाता हुआ आँगन से बाहर निकल गया।

चाची बड़बड़ाई–"अरे बाप रे बाप! इतनी तेजी! कोई मुफ्त में तो काम नहीं करता। आठ रुपए में मोहर छापवाली धोती आती है।...इस मुँहझौंसे के न मुँह में लगाम है, न आँख में शील। पैसा खर्च करने पर सैकड़ों चिकें मिलेंगी। बाँतरटोली की औरतें सिर पर गट्ठर लेकर गली-गली मारी फिरती हैं।"

मानू कुछ नहीं बोली। चुपचाप अधूरी चिक को देखती रही।...सातों तारे मन्द पड़ गए।

माँ बोली, "जाने दे बेटी! जी छोटा मत कर, मानू! मेले से खरीदकर भेज दूँगी।"

मानू को याद आई, विवाह में सिरचन के हाथ की शीतलपाटी दी थी माँ ने। ससुरालवालों ने न जाने कितनी बार खोलकर दिखलाया था पटना और कलकत्ता के मेहमानों को। वह उठकर बड़ी भाभी के कमरे में चली गई।

मैं सिरचन को मनाने गया। देखा, एक फटी हुई शीतलपाटी पर लेटकर वह कुछ सोच रहा है। मुझे देखते ही बोला, "बबुआजी! अब नहीं। कान पकड़ता हूँ, अब नहीं।...मोहर छापवाली धोती लेकर क्या करूँगा? कौन पहनेगा?...ससुरी खुद मरी, बेटे-बेटियों को ले गई अपने साथ। बबुआजी, मेरी घरवाली जिन्दा रहती तो मैं ऐसी दुर्दशा भोगता? यह शीतलपाटी उसी की बुनी हई है। इस शीतलपाटी को छूकर कहता हूँ, अब यह काम नहीं करूँगा।...गाँव-भर में तुम्हारी हवेली में मेरी कदर होती थी।...अब क्या?"
मैं चुपचाप वापस लौट आया। समझ गया, कलाकार के दिल में ठेस लगी है। वह नहीं आ सकता।

बड़ी भाभी अधूरी चिक में रंगीन छींट का झालर लगाने लगी–"यह भी बेजा नहीं दिखलाई पड़ता, क्यों मानू?"

मानू कुछ नहीं बोली।...बेचारी! किन्तु, मैं चुप नहीं रह सका—"चाची और मँझली भाभी की नजर न लग जाए इसमें भी!"

मानू को ससुराल पहुँचाने मैं ही जा रहा था।

स्टेशन पर सामान मिलाते समय देखा, मानू बड़े जतन से अधूरी चिक को मोड़कर लिए जा रही है अपने साथ। मन-ही-मन सिरचन पर गुस्सा हो आया। चाची के सुर-में-सुर मिलाकर कोसने को जी हुआ।...कामचोर, चटोर!

गाड़ी आई। सामान चढ़ाकर मैं दरवाजा बन्द कर रहा था कि प्लेटफार्म पर दौड़ते हुए सिरचन पर नजर पड़ी—"बबुआजी!" उसने दरवाजे के पास आकर पुकारा।

"क्या है?" मैंने खिड़की से गरदन निकालकर झिड़की के स्वर में कहा। सिरचन ने पीठ पर लदे हुए बोझ को उतारकर मेरी ओर देखा—"दौड़ता आया हूँ।...दरवाजा खोलिए! मानू दीदी कहाँ हैं? एक बार देखूँ!"

मैंने दरवाजा खोल दिया।

"सिरचन दादा!" मानू इतना ही बोल सकी।

खिड़की के पास खड़े होकर सिरचन ने हकलाते हुए कहा, "यह मेरी ओर से है। सब चीज है दीदी! शीतलपाटी, चिक और एक जोड़ी आसनी, कुश की।" गाड़ी चल पड़ी।

मानू मोहर छापवाली धोती का दाम निकालकर देने लगी। सिरचन ने जीभ को दाँत से काटकर, दोनों हाथ जोड़ दिए।

मानू फूट-फूटकर रो रही थी। मैं बंडल को खोलकर देखने लगा—ऐसी कारीगरी, ऐसी बारीकी, रंगीन सुतलियों के फन्दों का ऐसा काम, पहली बार देख रहा था।

नित्य लीला

किसन ने गली से झाँककर देखा, नन्दमहर और जशुमति गोशाले की अँगनाई में बैठे किसी गम्भीर बात पर सोच-विचार कर रहे हैं।...पिता की मुद्रा से स्पष्ट है कि आज उनकी दाढ़ में फिर दर्द उभरा है, और सिर्फ गोधूलिवेला को काटने के लिए बैठे हुए हैं। दालान में कमरिया बिछी हुई है; दीया-बाती होते ही लेट जाएँगे। और आज तो माँ के सिर में दर्द होगा ही।

किसन का माथा ठिनका। दैव जाने, आज कितने उलाहने आए हैं!...

उलाहने-अभियोग नहीं, आज ज्योतिष-शिरोमणि गर्ग आए थे। तब तो दो-तीन दिन तक यह दर्द छाया रहेगा!

किसन सोचने लगा...यह गर्ग पंडित न जाने किस गैल से आता है, आजकल! नारद को तो खैर...सभी जान गए हैं। किन्तु, यह गर्ग बड़ा हिसाबी है। ऐसी यात्रा बनाकर चलता है कि गोकुल में प्रवेश करते समय किसन से भेंट ही न हो।...बूढ़ा, मधुबन में लुक-छिपकर कुछ देखता-वेखता तो नहीं? न जाने क्या-क्या भूत-भविष्य-वर्तमान की बातें हाँक जाता है कि दो-तीन दिन तक घर-भर के लोगों के मुँह लटके रहते हैं।...एक दिन भेंट हो जाए तो किसन समझा देगा, फिर से। इस बार समझाने के बाद भी यदि ब्रज में आकर मेष-वृष करेगा, तो किसन भी गर्ग को भविष्यवाणी सुना देगा!...आज ही सुना देना उचित होता।

गर्ग को क्या! ऊन की बात दून करके सुनाता है। दक्षिणा-प्रणामी से उसकी गठरी-झोली भरती है। आज ही तो देखा, चार-चार ग्वाले सिर पर अरवा चावल की बोरियाँ और कच्चे केले के घौद कन्धे पर लेकर उसके साथ जा रहे थे।...झेलना पड़ता है किसन को।

...और सबकुछ सह सकता है किसन, किन्तु घर-भर के लोगों के लटके हुए मुँहों के बीच उसका दम घुटने लगता है। उस दिन, गौ-बछड़े भी लम्बी-लम्बी साँसें लेकर रात काटते हैं।...ब्रजनारियों के उलाहनों से विरक्त होकर जिस दिन माँ मुँह लटकाती है, उस दिन कम-से-कम ऐसी उदासी तो नहीं छाती। एक ओर, दहलीज में गोपबालाएँ झुंड बाँधकर खड़ी रहती हैं। बारी-बारी से आगे आकर अपना अभियोग सुनाती हैं। बीच दालान में मोढ़े पर बैठी माँ किसन से पूछती है—"इसका जवाब दो!...लो, यह क्या कहती है?...लाज नहीं आती रे किसना? छिः-छिः! समझाकर मैं हारी... ।" किसन प्रत्येक अभियोग की सफाई देता है। गौओं और बछड़ों की साक्षी देकर कहता है—"क्यों धौली, बात सच है न?" धौली गौशाले से तुरन्त 'हुँक-हूँ' कर जवाब देती है। किसी अभियोग के जवाब में किसन इतना ही कहता है—"नन्हा बछड़ा भी वहाँ मौजूद था। वही कहेगा।" फिर तो उलाहना देनेवाली की बोली नन्हे बछड़े की डकराहट में खो जाती है। तार-स्वर में पुकारकर अभियोग के विरुद्ध गवाही देता है नन्हा! तब किसन हँसकर कहता है—"सुन

रही है माँ! साफ-साफ कह रहा है, सब झूठ! बोलो माँ, पशु बेचारा किसी के लिए क्यों झूठ बोलेगा? आँ?" झूठी गोपियाँ खिलखिलाकर हँसती हैं तो दालान में लेटे नन्दमहर डाँट देते हैं–"क्यों एक निर्दोष को रोज-रोज आकर तुम लोग दोष लगाती हो?" गोपियाँ तलहथी से अपने-अपने मुँह की हँसी मुँह में ही दबाकर भागती हैं।...किन्तु गर्ग के फैलाए हुए वातावरण में तो बस दर्द-ही-दर्द है।

किसन आज दिन रहते ही मधुबन से लौट आया है। आज वह इस विषाक्त वायुमंडल को शुरू में ही शुद्ध करके हल्का करेगा।...पता लगाना होगा, आज गर्ग ने फिर क्या कहा है।

गली के दूसरे छोर पर सलोने बछड़े पर दृष्टि पड़ी। किसन को मधुबन में न देखकर भागा आ रहा है, कुलाचें भरता हुआ।...टिनिंग-टिनिंग! उँ-याँ-याँ!

किसन ने पुकारकर कहा, "ओ-ले! आजा!" किसन ने अपनी तलहथी सामने कर दी। सलोने ने तलहथी में एक हुँत्था दिया–ऊँ-याँ-याँ!...क्यों भाग आए?

किसन बछड़े के साथ दौड़ता हुआ गोशाले की अँगनाई में चला गया।...टिनिंग-टिनिंग! जशोदा दीप जलाने जा रही थी। सलोने ने प्यार से एक हुँत्था उसे भी लगा दिया। घी-भरा दीप छलक गया–"आः सलोने!... कन्हाई!"

किसन ने माँ की विरक्त-वाणी परख ली। वह हतप्रभ-सा खड़ा रहा।

धूप-दीप देने के बाद, शंखध्वनि के समय सलोने ने सुर-में-सुर मिलाकर 'ऊँ-याँ-याँ' कहा। किसन ने डाँट बताई–"ए! शंख का मुँह चिढ़ाता है तू और बात सुनूँगा मैं।"

शंख को पानी में पखारती हुई जशुमति तनिक हँसी–"मुँह नहीं चिढ़ाता है। वह शंख के साथ रोज जय-ध्वनि करता है।"

कन्हाई ने माँ की हल्की हँसी देखी, तो मन-ही-मन जय-जय किया।... गर्ग की बात को वह फूसफास करके उड़ा देगा।

जशुमति ने मुँह मीठा करके जलपान करने को कहा। किसन ने अपने घुँघराले बालों को झटककर कहा, "दाऊ को आने दो।"

जशुमति ओसारे पर बैठकर जड़ी-बूटी की झोली से कुछ निकालने लगी। किसन ने जरा मद्धिम आवाज में पूछा, "बाबा की दाढ़ में दर्द है क्या?"

माँ चुप रही। किसन ने समझ लिया, गर्ग पर चोट करने का अवसर नहीं आया है।

कुँअर-कन्हाई ने माँ को अत्यावश्यक सूचना देने के लहजे में कहा, "सुन लो माँ, मैं आज से दूध नहीं पिऊँगा। हाँ!"

नन्दमहरि कोई जड़ी खोंटती हुई बोली, "यह तो रोज सुनती हूँ।" उसने किसन की ओर प्रश्न-भरी दृष्टि से देखा—"क्या बात है?"

किसन जोर-जोर से महत्त्वपूर्ण कारणों-पर-कारण सुनाने लगा।...माँ को बोलने का अवसर ही क्यों दिया जाए?—"क्यों? बताऊँ...? यह तुम्हारा गुणधर सलोना कभी मुँह-दाँत भी धोता है? कभी भूल से भी दाँत में मिट्टी नहीं लगाता।"

जशुमति खरल में औषधि घोंट रही थी। कुँअर को अप्रस्तुत करने के लिए बोली, "मुँह धोने के बहाने मिट्टी खाने की आदत न पड़ जाए।"

नन्दलला के चेहरे पर क्षण-भर के लिए लजाने का भाव आया। किन्तु वह तुरत ही सहज हो गया। बोला, "मुँह में ऐसी दुर्गन्ध है कि कोई पास भी नहीं बैठ सकता इसके। इसकी माँ के थन में इसकी थूक-लार लग जाती है।...उवाक्!"

—ऊँ-याँ-याँ!

"अमृत भी क्यों न हो, मैं सलोने की माँ का दूध नहीं पिऊँगा।" किसन ने लपककर सलोने की थुथनी पकड़ ली—"इधर देखो माँ! आज जमुना-कछार की मिट्टी से दाँतों को रगड़ दिया है, मैंने। कितने चमक रहे हैं! किन्तु मुँह में अभी भी गन्ध है।"

—ऊँ-याँ-याँ।

सलोना अपनी थुथनी छुड़ाकर जरा परे खड़ा हो गया। नन्दरानी के होंठों पर किसी कोने में दबी मुस्कराहट की एक झलक देख ली किसन ने। फिर, अपना छोटा मोढ़ा खिसकाकर माँ के पास जा बैठा और आवाज को आवश्यकतानुसार मद्धिम करके पते की बात बनाने की मुद्रा बनाई उसने—

"सुनती हो माँ, यह असभ्य भी है। थोड़ा नहीं, ज्यादा! कपड़ा नहीं पहनता कभी। उस दिन अपनी करधनी इसकी कमर में बाँधकर पीताम्बर की लँगोटी पहना दी मैंने। जानती है क्या किया तुम्हारे दुलारे ने! सब गोबर!"

—ऊँ-याँ-याँ!

चरवाहा किसन से लड़ने लगा सलोना। किसन हँसा—"आजकल मुझसे हमेशा लड़ना चाहता है। छोटे-छोटे उगते हुए सींगों पर इतना गुमान? वाह रे लड़ाके!"

सलोना दो बार हुँत्था मारकर जशोदा के आँचल में जा छिपा—ऊँ-याँ-याँ!

''हारा, हारा!"

''सलोना चिढ़ गया है।...बेचारा!" जशुमति बड़े लाड़ से बछड़े को चुमकारकर हँसी, बोली, "बड़ा आया है कोई इसका मुँह धुलवाने, गंगा-जमुना की माटी से। ए-हे! दूध नहीं पिएगा जूठा इसका और पूतना राकसनी के बेटे केसर से मुँह धोते थे, क्यों?...मुँह में गन्ध है! थुथनी-में-थुथनी सटाकर सोता है रात-भर, सो?"

किसन अपनी बाँसुरी के छेदों को देखने लगा। जशोदा दवा कूट चुकी थी। उठने के पहले बोली, "देख, देख! सलोना मेरे कान में क्या कह गया धीरे-धीरे सुना तुमने? कहता है, मैं तो नन्दी बाबा हूँ। गोपाल अपनी काली कमरी, कोपीन, कछनी, लँगोटी और पीताम्बर अपने पास रखें। यहाँ किसी को लाज नहीं आती-जाती...।"

गोपाल लजा गया। माँ मुग्ध होकर लजाते किसन का रूप देखने लगी, एकटक। किसन को विश्वास हो गया, गर्ग पंडित ने कोई वैसी बात नहीं कही है आज। वह मोढ़े से उठता हुआ बोला, "कल से गोशाले में पगहिया लगाकर बाँध जाया करूँगा।"

"और दिन-भर यहाँ 'ऊँ-याँ-ऊँ-याँ' कर डकारता रहेगा।"

"तो क्या करूँ? बन में कभी चैन से रहता है यह? झाड़ी-झुरमुटों में दिन-भर कौन ढूँढ़ता फिरे! इधर से हँकाया तो इधर जाकर जमुनाजी में कूदने को तैयार!...जानती हो माँ! जमुना के कछार पर खड़ा होकर पानी को अचरज से देखता है। फिर अपनी परछाईं देखकर भड़कता है, भाग आता है।"

"उसका क्या कसूर? संग-दोष...।"

नन्दमहरि दवा-बूटी लेकर नन्द की परचर्या करने चली गई। बाहर से किसी ने पुकारकर कहा, "तुम्हारी गौवें आईं, ओ रे किसना!"

किसन दौड़कर बाहर गया। गोप-सखा ने सुनाया, "बलदाऊ मौसी के घर गए।"

किसन उदास हो गया...दाऊ भी नहीं आज!

गौवें हुलसकर रँभाती आईं, किन्तु किसन को सूँघ-साँघकर चुप हो गईं। सिर्फ सलोना इधर-उधर दौड़कर गले में बँधी हुई झुनकी बजा रहा है—टिनिंग-टिनिंग।

उलाहना देने के लिए आई हुई गोपिकाएँ नन्दमहरि की शान्त हवेली में गुमसुम खड़े किसन को झाँककर लौट गईं...साँवरिया पर आज बुरी तरह डाँट पड़ी है शायद!

क्षण में ही सारा गाँव उदास हो गया।

नन्द-जशोदा के इस लाड़ले को ब्रज का एक-एक जन अपने दिए हुए नाम से पुकारता है—काला, साँवरिया, मोहन, कन्हैया, गोपाल, केशव, मुरारी, चोर, छिछोर, बटमार, बनमाली, हरि...हरि के हजार नाम!

मनसुखा की माँ लाठी टेकती आई—"ओ बाँके! बाँकेबिहारी-ई-ई!"

किसन ने इशारे से बूढ़ी को समझाया कि आज यहाँ सभी के सिर-दाँत-दाढ़-आँख-कान-मन में दर्द है।...दर्द? मनसुखा की माँ को एकान्त में बतियाने का औसर मिला है बहुत दिन बाद। वह क्यों टले? बाँके के पास जाकर फुसफुसाकर बोली, "दर्द नहीं, गर्ग! वो बूढ़ा पंडित फिर आया था आज। मैं दोपहर में आई तो देखा फुसुर-फुसुरकर बतिया रहे हैं सभी। यों तो मैं कान से कम सुनती हूँ, लेकिन पीठ-पीछे बाँके का नाम ले कोई, और मैं न सुनूँ भला!...वो गर्ग पंडित कह रहा था कि कितनाहूँ लाड़-प्यार, जोग-जतन करो, लेकिन किसुन किसू का नहीं होगा, किसू का नहीं!"

किसन ने मनसुखा की माँ के कान में मुँह सटाकर पूछा, "और क्या-क्या कह रहा था?"

"और न जाने क्या-क्या इरिंग-विरिंग बता रहा था, एक दीवार की आड़ में। सो भी इस कान से सुनकर मैं क्या समझती?...इसी से तो कहती हूँ कि कोई दवा-दारू इस कान की तुम्हारे पास...क्यों? सभी तो कहते हैं कि बाँके बैद भी है।...अच्छी बात। दवा न सही, तू एक बार फिर मेरे कान के पास फुसफुसाकर कुछ कह। या वो गर्ग पंडित की बात ही ठीक है?"

किसन ने मनसुखा की माँ के पास बाँसुरी रखकर फूँक दी—सी-ई-ई-ई! कानों की राह बूढ़ी के मरम में पैठ गई वंशी-ध्वनि! बोली, "हाँ रे बाँके! इस कान से तो अब कुछ-कुछ साफ सुन रही हूँ। किसी दिन इस कान में भी...।"

जशोदा बाहर आई तो मनसुखा की माँ ने किसन को आँख की कनखी से समझाया—गर्ग की बात पूछते समय मेरा नाम मत लेना। इसके बाद मनसुखा की माँ बोली—बाणी बदल गई, हाथ में लाठी लेकर उठ खड़ी हुई—"मेरा मनसुखा ऐसा नहीं था, बाँके! तुम्हारे साथ रहकर मेरा मनसुखा भी चौपट हो गया।... किसी को बुरी लगे या भली, मनसुखा की माँ चापलूसी नहीं करती...जो अपने माँ-बाप का होकर नहीं रहेगा, वह किसू का नहीं हो सकता।"

जशोदा तमककर बोली, "क्या बकने आई है भरी साँझ की बिरियाँ!"

"हाँ-हाँ, मैं बकती हूँ।"

नन्दराज ने नाराज होकर पुकारा, "मनसुखा की माँ आँ-आँ!" बूढ़ी लाठी टेकती नन्दमहर की हवेली से बाहर हो गई।

किसन को उदास देखकर जशोदा बोली, "तू दाऊ के लिए बैठा है यहाँ और दाऊ उधर मौसी की आँखों में जाकर समा गया है। चलो, कुछ खा लो मोहना!"

"ना!...ना! ना!"

—ऊँ-याँ-याँ।

"कुँअर, चलो, टटकी-टटकी दहेंड़िया बाँछके रखी है मैंने।"

"उँहुक!...गर्ग पंडित के साथ क्यों न भेज दीं मटकियाँ?"

"अहा बेचारा ब्राह्मण...!"

"सब बेचारे हैं, एक मैं हूँ आवारा। मेरा कोई विश्वास नहीं।..."

"कौन कहता है?" जशोदा मनाने लगी किसन को। सलोने ने किसन को एक हुँत्था मारकर समझाया—माँ की बात काटता है?

रात में किसन उठकर बैठ गया–"मैया, क्या है? रोती क्यों हैं? सिर में दर्द है, बहुत? लाओ टीप दूँ।"

जशोदा ने किसन की कलाई पकड़ ली–"ना-ना, मैं रो नहीं रही। सपना देख रही थी।...तू सो जा। आ!"

...मनसुखा की माँ से जितनी बात मालूम हुई है, बात उससे आगे बढ़ गई है।...धक्-धक्-धक्-धक्...किसन अपनी माँ के कलेजे की धड़कन को स्पष्ट सुनता है। साँसों के चढ़ाव-उतार को परखता है।...दर्द बहुत गहरे बज रहा है।...कोख की सन्तान के लिए किस माँ का मन न तरसेगा, रोएगा!

...तो क्या सचमुच किसन का कोई अपना नहीं?

गोकुल की गलियों में, गैल भूल एक गोरी किशोरी भटक रही है और नन्द-जशोदा का घर पूछ रही है–"कोई बताइयो जरा! नन्दमहर की हवेली को किस राह जाऊँ?"

अरी, यह कहाँ की गोरी आई है, गुमान-भरी? इत्ती-सी छोरी की बोली सुनो, कैसी विष-भरी है! कोई इस तरह भी राह-घाट पूछती है भला? अपना नाम-धाम कुछ नहीं बताती...।

गोकुल की गोपियों ने गोरी को चारों ओर से घेर लिया–"ऐसी टेढ़ी-तिरछी बात क्यों करती है री? तेरे साथ कोई मर्द-पुरुष नहीं?"

"ना भैया! देखती हूँ यहाँ के लोग तन के ही नहीं, मन के भी काले हैं। कैसा है यह गोकुल गाँव रे बाबा!"

"सुनती है इसकी बोली!" बड़ी-बूढ़ियाँ भी आकर जमा हो गईं–"क्या है? काहे की भीड़ लगा रखी है यहाँ?"

अपरिचिता किशोरी भीड़ से निकलकर बाहर आई–"हाँ-ए! तुम लोगों ने अपनी-अपनी बहू-बेटियों को यह कैसी सीख दी है कि भूली-भटकी परदेसिन को राह भी न बताए कोई? नन्दराज की ड्योढ़ी किधर है?"

बूढ़ियाँ भी तिलमिला उठीं–"और तू ही किस राजा की बेटी है कि परदेश में आकर टेढ़ी-टेढ़ी बातें करती फिर रही है? अपना नाम-धाम क्यों नहीं बतलाती?"

गोरी का चेहरा टेसू के फूल जैसा रह गया–"मैं मथुरा से आ रही हूँ। बसुदेव राजा की बेटी और महाराजा कंस की भांजी...।"

"भांजी? कंस की ई-ई?" सभी ग्वालिनें एक साथ चीख पड़ीं।

"क्यों?" गोरी मुस्कराई।

एक बूढ़ी ने कहा, "यह कंस की भेजी कोई डाकिनी है री!...कंस की भांजी!"

"कोई बुलइयो यदुराई को! दौड़ो मुरारी-ई-ई-ई!" एक गोपी चिल्लाई।

गोरी हँसी–"अकेली क्यों, सभी मिलकर पुकारो। कहीं सोया..."

"तू चुप रह!...देखती रहो, भागने न पाए। बड़े मौके से गाँव में घुस आई है।"

गोरी गठरी रखकर बैठ गई–"देखती हूँ, वह छोकरा ठीक ही कह रहा था।"

"कौन छोकरा?...सुन री ललिता, अब किसी छोकरे की बात कर रही है!"

गोरी अपने बाजूबन्द के ढीले बन्धन कसने लगी–"वही काला-कलूटा; घटवार का बेटा होगा।"

"काला-कलूटा?...घाट के इस पार या उस पार?"

"घाट के उस पार के लोग काले नहीं होते और न भैंस-जैसा कोई जानवर ही हम पालते हैं।" गोरी आँखें नचाकर बोली, "नाव लेकर दौड़ा आया मेरे पास। मैं क्यों उसकी नाव पर पाँव रखने जाऊँगी? जमुना पार करने के लिए नाव का क्या काम?...हाँ-हाँ, पैदल नदी पार करके आई हूँ। पूछना अपने उस घटवार के बेटे से।"

"तो उस लड़के ने क्या कहा?"

"कहेगा क्या, भला? कुछ मिनमिनाकर बोला, तो मैंने सुना दिया, मैं कंस की भांजी हूँ।...राह-घाट में लड़कियों को छेड़नेवाले की सूरत देखकर ही पहचान लेती हैं मथुरा की छोहरियाँ। हाँ-आँ!"

"अभी तुमने बताया न, ठीक कह रहा था वह।...क्या कहा है उसने?"

"ओ-हो! वह तुम्हारे गाँव की लड़कियों के चाल-चलित्तर के बारे में कह रहा था...कि गोकुल गाँव में जरा होशियारी से जाना। वहाँ दो ऐसी

चोरनियाँ हैं कि बात-बात में झगड़ा करके आँख के सामने से चीजें गुम कर देती हैं।"

"चोरनियाँ?...नाम भी बताया किसी का?"

गोरी ने ललाट पर बल डालकर याद करने की चेष्टा की–"क्या नाम भला...हाँ, बृषभानु की बेटी एक और उसकी सखी दूसरी।"

...राधा ललिता? सभी ब्रजनारियों ने राधा और ललिता की ओर देखा। राधा और ललिता की आँखें आपस में मिलीं।...सुनती है?

कई गोपबालाओं ने एक साथ कहा, "यह झूठ बोलती है। किसन ऐसी बात नहीं कह सकता कभी।...अच्छा, उसने अपना नाम भी बताया।"

"हाँ! बोला, मेरा नाम बाँसुरीवाला है। मुझे अपनी बाँसुरी सुनाकर थोड़ी देर अटकाना चाहता था।...जैसे मैं उसकी पीं-पीं-रीं-रीं सुनने के लिए ही गोकुल आई हूँ।" गोरी गठरी उठाकर चली–"कह रहा था बेचारा बाँसुरीवाला, कि उसकी बाँसुरी कई बार इसी तरह चुराई गई है।"

सभी गोपबालाएँ चुप हो गईं। राधा और ललिता की आँखों में आँसू छलकने लगे। अपमान और ग्लानि के अलावा और न जाने कैसी आग जल उठी सभी के मन में।

मनसुखा की माँ गोरी के पीछे-पीछे चली–"अरी ओ छोहरी! तेरी गठरी में क्या है?...कोई दबा-बूटी भी रखती है कान की? कहाँ जाएगी? नन्दमहर की हवेली? चल, मैं ले चलती हूँ।"

गोपिकाओं ने राधा और ललिता को समझाया। फिर आपस में तय किया कि चलकर किसन से पूछा जाए...क्यों ऐसी छिछोरपन की बातें करता है?...इस बार जो बोले फिर उस झूठे से...!

सभी अपनी-अपनी गेंड़ली और गगरी लेकर निकल पड़ीं, घाट की ओर!

जशोदा ठगी-सी खड़ी रही।...यह कौन अनदेखी-अनजानी लड़की पैर पर माँ कहकर लुढ़क गई।

"मैया री! अपनी बेटी को भी नहीं पहचानती?" गोरी रोने लगी–

"अपनी कोख की बेटी को भी नहीं पहचानती! मैं हूँ योगमाया।"

"योगमाया?" जशोदा और भी अचरज में पड़ी—"कहाँ से आई?"

"क्यों? मथुरा से।...ओ, मैं समझ गई, मैया! झूठी-झूठी बातें उड़ती-पुड़ती यहाँ भी पहुँची हैं। किसी ने सुनाया होगा, आकाश में उड़ गई। कोई कहता होगा, कंस ने मार दिया। मैं जानती हूँ।...मथुरा में एक पंडित है गर्ग। वह इधर भी आता है क्या? उसका परतीत मत करना कभी। मेरी हथेली देखकर न जाने क्या-क्या कह दिया माँ से। बस, उसी दिन से माँ मुझसे...।"

गोरी ने देखा, जशोदा की आँखों में विश्वास की हल्की रेखा भी नहीं उभरी अब तक। तब वह जशोदा के गले में दोनों हाथ डालकर बोली, "माँ! तुम्हीं तो मेरी अपनी माँ हो, हो न? बोलो!"

जशोदा की जीभ जरा न हिली, न डुली।

पड़ोस की कोई ग्वालिन चिल्ला-चिल्लाकर लोगों को सचेत कर रही थी—"कंस की भांजी आई है। होशियार! कंस की भेजी हुई है।"

जशोदा के कान में बात पड़ी। उसने गोरी का हाथ पकड़ लिया—"तुमको कंस ने भेजा है? बता कौन है तू राक्षसनी!"

जशोदा के धधकते क्रोध पर एक घड़ा पानी डाल दिया गोरी ने—"ओ माँ! तू दूसरों की बात को सच और अपनी बेटी को झूठी समझती है?... कंस का भांजा तुम्हारे घर में पलता है। उसके लिए इतना दर्द?...न जाने कैसी घड़ी में मेरा जन्म हुआ कि जन्म से लेकर अब तक सभी दुरदुराते हैं।"

गोरी रोने लगी।

नन्दमहर ने हवेली में प्रवेश करने के पहले पुकारा—"गोपाल की माँ!"

गोरी चौंक उठी—"बाबा!" दौड़कर दहलीज की ओर गई—"बाबा! पहचानो तो मैं कौन हूँ! तू मत बताइयो माँ!"

अब नन्दजी के मुँह में बोली नहीं। उन्होंने जशोदा की ओर देखा। जशोदा आसनी बिछाती हुई बोली, "कहती है कि मैं योगमाया हूँ।"

"योगमाया ही नहीं, विन्ध्यवासिनी भी। मथुरा की माँ मुझे विन्ध्या कहकर पुकारती है।"

गोरी नन्द की गोद में बैठ गई। नन्द ने अब मुँह बा दिया। जशोदा बोली, "कैसी-कैसी अजगुत बात बोलती है। यह कहती है, जितनी बातें फैली

हैं सब झूठी।"

योगमाया ने नन्द के मन को तुरत थाह लिया। नन्द की दाढ़ी में हाथ लगाती हुई बोली, "एक बात मैं पहले कह दूँ, मैं मथुरा से भागकर आई हूँ। देवकी-बसुदेव के घर में पैर नहीं दूँगी अब।...बाबा!" गोरी का गला भर आया। उसने नन्द की छाती में अपना सिर सटा दिया। बाबा का मन विश्वास से भरपूर है। वह कहती गई–"बाबा, गर्ग, ज्योतिषी और नारद की बातें सुन-सुनकर मथुरा की माँ मुझे रोज कोसती है। मथुरा के बाबा तो अब बेटी कहकर भी नहीं पुकारते। कहते हैं, कैसी बेटी, किसकी बेटी। बेटी नहीं टेटी। कहाँ से आ गई?"

नन्दजी ताव खा गए–"कहाँ से आ गई?...मुझसे भेंट हो तो पूछूँ!"

"आखिर क्यों? कब से ऐसा व्यवहार कर रहे हैं वे?" जशोदा ने पूछा।

गोरी ने जशोदा की ओर आँखें उठाकर देखा भी नहीं। वह नन्द के गले की कंठी के छोटे-छोटे दाने गिनने लगी, उँगलियों से।

जशोदा की बात का जवाब नन्दमहर ने दिया–"तू इस तरह आँखें तरेरकर क्यों देखती है इसकी ओर? क्या कह रही है, जरा समझने की कोशिश कर, ठंडे दिल से।...हाँ, कहो बेटी, गर्ग पंडित ने जरूर कुछ कहा होगा।"

"बाबा! सिर्फ कुछ?" दोनों हाथों को फैलाती हुई बोली गोरी, "इतनी बातें!...कि इस लड़की के कारन भीख माँगनी पड़ेगी, कि फूहड़ माँ-बाप की बेटी जरूर जगहँसाई करवाएगी। सोने-जैसे लड़के के बदले मिट्टी की पुतली...।"

"सुनती हो, हम फूहड़ हैं!"

जशोदा अब बैठ गई। उसने गोरी को गौर से देखा। योगमाया के मुँह पर उपेक्षिता और अनाथ बालिका की विवशता के भाव छा गए।

"अब बात-बात में ठोना देती है। दही बेचने जाएगी, ओ कंडेवाली? एक दिन बोली कि मेरे बेटे से वहाँ गाय की चरवाही कराता है, तुझसे बाग की रखवाली नहीं की जाती?...मैया! मैं भाग आई।"

गोरी फिर जशोदा के गले से लिपट गई। जशोदा ने पीठ पर हाथ फेरकर कहा, "अच्छा किया बेटी!"

योगमाया निहाल हो गई। जशोदा के कन्धे पर सिर रखकर ठुनकती हुई बोली, "माँ! मुझे अब वापस तो नहीं भेजेगी?"

नन्दराज आवेश में आकर खड़े हो गए–"कभी नहीं। आए तो कोई!"

नन्दमहर लाठी लेकर निकले, ब्रजवासियों को सूचना देने–उनकी बेटी मरी नहीं।...उनकी बेटी लौट आई है। आज फिर बधावा बजेगा ब्रज में। जाते-जाते कह गए–"अब बैठी क्या कर रही है, गोपाल की माँ? मुँह-हाथ धुलाकर बेटी को कलेवा दो। न जाने कब की भूखी-प्यासी है!"

जशोदा योगमाया को गोद में लेकर हवेली के अन्दर गई। योगमाया बोली, "एक बात कहूँ माँ!...किसन को मथुरा वापस भेज दो।"

कलेजा धड़क उठा जशोदा का। हाथ ढीले पड़ गए। योगमाया गोद से खिसककर नीचे गिर पड़ी–"मैया री-ई-ई!"

"ऐसी बात फिर मत बोलना, बेटी!"

योगमाया अपना पैर पकड़कर बैठ गई। जशोदा को होश हुआ, लड़की गोद से गिर पड़ी है। झटपट बैठकर पैर छूने लगी, योगमाया ने पैर समेट लिए–"फेंकी हुई को एक बार नहीं, दस बार फेंको गोद से! लेकिन अपने कुँअर-कन्हाई को एक पल के लिए भी मन से दूर नहीं करोगी, क्यों?"

"सुनो बेटी! तुमने कुँअर को देखा ही नहीं है। एक बार देख लो, तब कुछ कहना। उसको कैसे दूर किया जा सकता है? चल, उठ! आ जा गोद में।"

"रखो अपनी गोद! यह गोद तुम्हारे किसन के लिए है। मैं पूछती हूँ कि कभी किसन को भी गोद से इस तरह फेंका है?"

जशोदा निरुतर हो गई।...इसी उम्र में इतनी तेज जीभ? योगमाया बोलती गई–"मैं क्या देखूँगी किसन को! यहाँ किसन का राज, वहाँ किसन की राजधानी। वहाँ भी सब दिन किसन के सहस्र नाम सुनती थी। यहाँ सारा ब्रज किसनमय है।...वाह रे भाग्य! रंग गोरा न हुआ। नहीं तो...। अब मेरी देह के रंग की बात ही लो। मैं गोरी हूँ। मेरे माँ-बाप गोरे हैं, मैं भी गोरी हुई। मेरा क्या कसूर? मेरी गोराई के कारन मुझे वहाँ गोरी गाय कहते हैं सभी।...रहे यहाँ किसन ही। मैं तो फेंकी हुई हूँ, मरी हुई हूँ, आकाश में उड़ी हुई हूँ। जो उड़कर आया और जुड़ गया है, उसके पैर की पूजा होती है और

अपनी देह की सन्तान को ठुकराया जाता है।"

"योगमाया बेटी!" जशोदा दुलार करने लगी—"पहले कुछ जलपान कर लो।"

झनक उठी योगमाया—"किसी का जूठा माखन-मिसरी मैं नहीं खाती। यहाँ सुनती हूँ बिना किसन के जुठाए, कोई कुछ सूँघता भी नहीं।...कैसी गन्दी आदत है!"

जशोदा प्रतिवाद नहीं कर सकी—सचमुच! कुछ भी तो अनुच्छिष्ट नहीं किसन के कारण। सारे गाँव में किसी के घर का गोरस निरूठ हो, ऐसी आशा नहीं!

बाहर गोपियों का कलरव सुनाई पड़ा। योगमाया उठकर खड़ी हुई—"मेरे लिए चिन्ता न करो, माँ! किसन के घर लौटने का समय हो गया। उसके लिए कलेवा तैयार करो। मैं अपने लिए खिचड़ी पका लूँगी। वहाँ भी यही मिलती थी, सिर्फ नाम दूसरा था—खिचड़ी नहीं, खेचरान्न।"

योगमाया दहलीज के पास जाकर खड़ी हुई। आँगन में प्रवेश करती हुई गोपियों के झुंड की काकली अचानक रुक गई। योगमाया ने अधिकारपूर्ण स्वर में कहा, "इस तरह आसमान सिर पर उठाती क्यों आ रही हो तुम लोग? क्या हुआ? यह धरती रहेगी या डूबेगी?"

सबसे आगे थी राधा। बढ़कर बोली, "क्यों री भांजी कंस की, बता कहाँ है बाँसुरीवाला?"

"अहा-हा! हाय री मेरी बाँसुरीवाला-वाली रे-ए-ए! दरद देखो जरा!... माँ से ज्यादा दरद मौसी को!" योगमाया रास्ता रोककर खड़ी हुई—"पूछती हूँ, किससे पूछकर मेरे आँगन में साँझ के पहले आई है? यहाँ कोई मन्दिर नहीं कि रोज दीया-बाती और आरती के बाद मिठाई बँटेगी।...इस घर के लड़के का भविष्य तो हंस के पंखों की तरह उजला कर ही दिया है तुम लोगों ने। क्या समझ लिया है, इस घर में कोई धीया-बेटा नहीं?"

जशोदा दौड़ी आई—"क्या हुआ?"

"कि-किसन...कहीं नहीं। न जमुना किनारे, न कदम-तले, न वृन्दावन में। घाट-बाट में कहीं नहीं। सभी खोज रहे हैं। बलदाऊ ने कहला पठाया है...नन्दबाबा कहाँ हैं?" ललिता हकलाती हुई बोली। राधा ने फिर खोंचा

दिया–"और यह कंस की भांजी यहाँ क्यों आई है? जब से आई है, गाँव में काग बोल रहे हैं।"

योगमाया जशोदा के चेहरे पर आते-जाते भावों को देख रही थी।... जशोदा गला फाड़कर पुकारना चाहती है एक बार। योगमाया को देखकर अपने को सँभालती है। फिर एकदम चुप खड़ी रह जाती है।

एक क्षण के लिए सन्नाटा–सर्वत्र!

अचानक राधा योगमाया से लिपट गई–"बता तो सखी, तूने बाँसुरीवाले को कहाँ देखा था?"

योगमाया छिटककर परे खड़ी हुई, राधा के बाहुबन्धन से निकलकर– "ए-हे! इसको मिरगी-उरगी तो नहीं आती?...इस तरह थर-थर क्यों काँप रही है?"

नन्दबाबा आए। सभी गोपियाँ एक साथ ही बोल पड़ीं–"बाबा! किसन लापता है; कहीं नहीं मिलता। दाऊ ने कहा कि बाबा को जल्दी भेज दें।"

नन्द भी उल्टे पाँव दौड़े। योगमाया ने पुकारा–"बाबा!"

जशोदा चीख पड़ी–"आह! पीछे से मत पुकारो!"

कोलाहल में नन्दमहर योगमाया की पुकार नहीं सुन पाए। वह मुँह बनाकर बोली, "इतना अधीर होने की क्या बात है? अभी तो साँझ पड़ी है।...सुनती हूँ, लुकाचोरी वह रोज खेलता है। यह भी हो सकता है कि यहाँ आकर सबसे ज्यादा रोनेवाली इन्हीं लड़कियों के घर में वह छिपा हो।...यह लड़कियों के साथ लुकाचोरी खेलने की कैसी गन्दी आदत है!"

गोपियों ने जशोदा की लाचारी देखी; कुछ समझ न सकीं। पास-पड़ोस के गोप-ग्वाल निकले–"चलो, चलो!"

गोपियाँ नन्दमहर की हवेली से निकलीं–"चलो, चलो! खोजो-ओ-ओ!"

सैकड़ों मशालें वृन्दावन की ओर लपलपाती हुई...पंक्तिबद्ध...भग्नपंक्ति... बुझती-जलती...झाड़-झुरमटों में लुकती-छिपती...एक, फिर अनेक...रोशनी!

...गाँव खाली हो गया। गौवों और बछड़ों की गगन-भेदी पुकार क्रमशः हल्की आह पर आकर रुक गई है। चारों ओर से निःशब्दता बढ़ती जा रही है।...सुन्न हो गया सारा संसार! योगमाया खिचड़ी चढ़ाने चली, चूल्हे पर,

बड़बड़ाती हुई। जशोदा अपनी हवेली से जरा बाहर निकलकर किसन को पुकारना चाहती है। कहीं भी होगा, माँ की पुकार का जवाब तुरत दे देगा। वह हवेली के दरवाजे की ओर बढ़ी कि योगमाया ने टोक दिया–"अब तू कहाँ चली इस अँधेरे में अकेली?"

जशुमति के पैरों में जंजीर पड़ गई मानो। योगमाया ने कहा, "बस, खिचड़ी पकने में जितनी देर लगे। खा-पीकर मैं चली जाऊँगी अभी मैया री!...इससे तो देवकी माँ भली, कभी भूख-भूख करके रोई नहीं मैं। मैं भूख नहीं सह सकती।"

दूर, वृन्दावन से...सहस्र कंठों से किसन के सहस्रों नामों की पुकार, हवा में तैरती आती है जशुमति के कानों तक। क्रमशः तीव्र होती जाती है पुकार...आर्त...करुण...हाय, न जाने कब तक, कितनी देर तक इसी तरह खड़ी रही जशुमति!

उधर योगमाया खिचड़ी उतारकर परोसने बैठी–"कोई बर्तन-बासन भी नहीं।...मैं पूछती हूँ कि इस घर के बर्तन-बासन भी किसन को खोजने चले गए हैं क्या?"

जशोदा पत्थर की मूरत की तरह खड़ी रही। जब योगमाया ने कड़ाही पटककर पुकारा तब होश हुआ–"कड़ाही में ही खाऊँ, क्यों?"

"सामने पथरौटा है, बेटी...!"

"उस पर कुँअर कन्हाई का नाम खुदा हुआ है।"

वृन्दावन से गोकुलवासियों की आर्त पुकार हवा को कँपाती हुई आती है।

इधर योगमाया फूट-फूटकर रो पड़ी–"अरी मैया-या-या! मैं भूख से छटपटा रही हूँ।...मेरी उँगलियाँ जल गईं खिचड़ी में-एँ-एँ...।"

अजीब रोदन! ऐसा रोना कभी नहीं सुना जशोदा ने। आकाश-पाताल में आ गई रुलाई! सारी दुनिया रो पड़ी, मानो। जशोदा दौड़ी गई–"रो मत बेटी!"...बहुत देर तक गोद में चिपकाकर दुलराती रही जशोदा!

किन्तु जशोदा की बेटी आज तुली हुई है, दो में से एक को तो निकालना ही होगा मन से।...किसन को रखो या योगमाया को!

जशोदा कुछ क्षण के लिए किसन को भूल गई। खिचड़ी परोसकर

खिलाने बैठी, चुपचाप। योगमाया ने जिद की–"वहाँ देवकी-माँ को खिलाए बिना मैं कभी मुँह में कौर नहीं डालती थी। खाओ माँ!"

जशोदा के होंठों के पास कौर पहुँचा कि किसन की याद आई।... किसन भूखा होगा।...भूखे किसन की माँ मुँह में अन्न डालेगी; कैसे?

दो पहर रात!

जशोदा करवट लेती है।...तो योगमाया सो गई? जब से आई है, एक पल भी चुप नहीं रही। किसी तरह समझा-फुसलाकर खिलाया-पिलाया। सोने के समय भी बखेड़ा करने लगी।

"जिधर किसन सोता है, उधर नहीं सोऊँगी। दुधाइन गन्ध मुझे अच्छी नहीं लगती।"...और, अकेली नहीं सोएगी; आदत ही नहीं। माँ के पैर टीपे बिना उसको नींद ही नहीं आएगी। जो भी कहो, देवकी माँ ने इतनी-सी भली शिक्षा जरूर दी है।...बेटी के बिना घर की हालत कैसी होती है, यह वह पहली बार आँखों से देख रही है। अब वह अपनी माँ को हाथ-पैर नहीं डुलाने देगी। बेटी ही माँ की सेवा कर सकती है, सच्चे मन से। बिना बेटी की माँ की दुर्दशा, वह देख रही है।...सचमुच, योगमाया ने उसे टीप-टापकर ऐसा सुला दिया कि दो पहर रात के बाद नींद खुली है! किसन...!

योगमाया मानो सपने में बड़बड़ाई–"हाँ-हाँ...वह अपनी माँ देवकी के कलेजे से सटकर सोया होगा, पलँग पर। तू क्यों...?"

जशोदा अब कातर हो गई। एक कलपती-काँपती आवाज निकली उसके कलेजे से–"क-न्हा-ई कुँअर-र ओ-ओ!"

"मैया!" योगमाया जग पड़ी–"बस दो घंटे की बात है। और दो घंटे अपने पास सोने दो।...जो मैं ऐसा जानती, तो खा-पी के चली जाती, साँझ को ही।"

गोरी अपनी बाँह पर हाथ फेरती हुई बोली, "तुम्हारे किसन की देह का रंग झड़ता है क्या? देखो तो कैसे काले-काले धब्बे पड़ गए हैं?"

जशोदा ने देखा, सचमुच योगमाया की देह जगह-जगह काली हो गई है।

सलोना सूँघता हुआ आया और पलँग के पास खड़ा हो गया। योगमाया की बाँह को चाटने के लिए जीभ निकाली सलोने ने। योगमाया डरकर माँ की छाती से सट गई–"गाय-बछड़ों से बहुत डरती हूँ।"

सलोने ने आगे बढ़कर जीभ से फिर स्पर्श किया। योगमाया चीख पड़ी–"माँ-आँ!"

जशुमति ने सलोने को डाँटकर भगा दिया।

सलोना भागकर बाहर नहीं गया; घर के एक कोने में अरगनी के पास जाकर खड़ा हो गया। अरगनी पर लटके हुए कपड़ों के बीच से किसन के जरीगार पीताम्बर को दाँतों से खींच लिया।...योगमाया की नजर पड़ी, सलोना तो पीताम्बर चबा रहा है!

"गया...गया...मेरे पीताम्बर का कलेवा...!" योगमाया पलँग से नीचे कूद पड़ी। अस्त-व्यस्त चुनरी पलँग के पाये से उलझकर खुल गई। बड़े जतन से बाँधे बाल खुलकर बिखर गए–घुँघराले काले-काले। सलोना हर्षोन्मत्त होकर 'ऊँ-याँ-याँ' पुकारता हुआ भागा–टिनिंग! फिर दौड़ता हुआ आया।

जशुमति की आँखों पर पड़ा हुआ परदा अचानक उठ गया, मानो। मन की जकड़ी हुई खिड़कियाँ खुल गईं!...किसन के कृष्णाभ मुखड़े की दुग्धोज्वल मुस्कराहट को पहचानकर पहले तो लाज से गड़ गई। फिर दौड़ी–"चो-ओ-ओ-र-किसन!...किसन, योगमाया, विन्ध्या, लीलाधर!"

सबसे पहले नन्दमहर के गोशाले की गौओं ने हर्ष-ध्वनि की। इसके बाद ब्रज के सभी गोशाले में उदास बैठी गौओं ने प्रसन्न होकर सुर-में-सुर मिलाया–जै हो, जै हो! बाँ-आँ-य...! वृन्दावन के कुंज-कुंज में, वंशीबट-जमुनातट पर किसन को खोजते हुए गोकुल के नर-नारियों ने गाँव की ओर कान लगाकर सुना...हाँ! किसन घर लौट आया। सभी दौड़े गाँव की ओर, किसन की नई लीला देखने।

आकुल राधा सबसे पहले दौड़कर पहुँची जशोदा की हवेली तक। दरवाजे के पास हठात् ठमककर खड़ी हो गई। योगमाया की जीभ में विष है।...कंस की भांजी!

राधा की पीठ पर आई ललिता–क्यों सखी, खड़ी क्यों है? ललिता ने हवेली की खिड़की से झाँककर देखा और देखती ही रही।

नित्य लीला

मधुवन के शुक-पिक ने एक सुर से ब्राह्मवेला शुरू होने की घोषणा कर दी।

राधा और अनुराधा एक-दूसरे से लिपटीं, बेसुध, दरवाजे को पार कर आँगन में जा खड़ी हुईं। अपलक देखती रही राधा...।

सलोना किसन की देह पर पुते गेरू और गोरज के लेप को जीभ से चाट-चाटकर साफ कर रहा है। जशुमति किसन के मुखड़े को साफी से पोंछ रही है। हँस रही है...छलिया! माँ से भी छल!

"देखूँ सखी नित्य लीला...हरि-हरि बोल...!" राधा और ललिता के गले से भैरवी कीर्तन की पहली पंक्ति निकली। जशुमति ने उलटकर देखा, खिलखिलाकर हँसी और कीर्तन का पद गाने लगी, राधा और ललिता के साथ, मीठे सुर में।...आनन्द-विह्वला माँ!

जशुमति ने देखा, जो किसन, वही योगमाया, वही राधा, वही अनुराधा, वही सलोना, वही...वह भी...स्वयं जशुमति भी किसन!

ब्रजवासियों के झुंड नन्दमहर की हवेली के हर दरवाजे से आँगन में आ रहे हैं—हँसते-नाचते...किसन-किसन किसन-किसन-किसन...कह-कह जशोदा माता, कृष्णकथा...!

किसन किसी की ओर आँखें उठाकर देखता भी नहीं; चोर की तरह खड़ा है। पास की शीतलपाटी पर योगमाया की गठरी से बरामद चीजें पड़ी हुई हैं—राधा की रेशमी चुनरी, ललिता के कंगन, ज्येष्ठा के बाजूबन्द, रोहिणी की पैजनी...!

आनन्द से सारा ब्रजमंडल जगमगाने लगा। किसन को घेरकर सभी नाचने लग...नन्दमहर भी! जशोदा भी! और सलोना कभी घेरे के बीच में किसन के पास जाता है दौड़कर, फिर बाहर निकल वृत्त के चारों ओर दौड़ता है—टिनिंग-टिनिंग...ऊँ-याँ-याँ!

पंचलाइट

पिछले पन्द्रह महीने से दंड-जुरमाने के पैसे जमा करके महतो टोली के पंचों ने पेट्रोमेक्स खरीदा है इस बार, रामनवमी के मेले में। गाँव में सब मिलाकर आठ पंचायतें हैं। हरेक जाति की अलग-अलग 'सभाचट्टी' है। सभी पंचायतों में दरी, जाजिम, सतरंजी और पेट्रोमेक्स हैं–पेट्रोमेक्स, जिसे गाँववाले पंचलाइट कहते हैं।

पंचलाइट खरीदने के बाद पंचों ने मेले में ही तय किया–दस रुपए जो

बच गए हैं, इससे पूजा की सामग्री खरीद ली जाए—बिना नेम-टेम के कल-कब्जेवाली चीज का पुन्याह नहीं करना चाहिए। अंग्रेजबहादुर के राज में भी पुल बनाने से पहले बलि दी जाती थी।

मेले से सभी पंच दिन-दहाड़े ही गाँव लौटे; सबसे आगे पंचायत का छड़ीदार पंचलाइट का डिब्बा माथे पर लेकर और उसके पीछे सरदार दीवान और पंच वगैरह। गाँव के बाहर ही ब्राह्मणटोले के फुटंगी झा ने टोक दिया—"कितने में लालटेन खरीद हुआ महतो?"

"...देखते नहीं हैं, पंचलैट है! बामनटोली के लोग ऐसे ही ताब करते हैं। अपने घर की ढिबरी को भी बिजली-बत्ती कहेंगे और दूसरों के पंचलैट को लालटेन!"

टोले-भर के लोग जमा हो गए। औरत-मर्द, बूढ़े-बच्चे सभी काम-काज छोड़कर दौड़े आए, "चल रे चल! अपना पंचलैट आया है, पंचलैट!"

छड़ीदार अगनू महतो रह-रहकर लोगों को चेतावनी देने लगा—"हाँ, दूर से, जरा दूर से! छू-छा मत करो, ठेस न लगे!"

सरदार ने अपनी स्त्री से कहा, "साँझ को पूजा होगी; जल्दी से नहा-धोकर चौका-पीढ़ी लगाओ।"

टोले की कीर्तन-मंडली के मूलगैन ने अपने भगतिया पच्छकों को समझाकर कहा, "देखो, आज पंचलैट की रोशनी में कीर्तन होगा। बेताले लोगों से पहले ही कह देता हूँ, आज यदि आखर धरने में डेढ़-बेढ़ हुआ, तो दूसरे दिन से एकदम बैकाट!"

औरतों की मंडली में गुलरी काकी गोसाईं का गीत गुनगुनाने लगी। छोटे-छोटे बच्चों ने उत्साह के मारे बेवजह शोरगुल मचाना शुरू किया।

सूरज डूबने के एक घंटा पहले से ही टोले-भर के लोग सरदार के दरवाजे पर आकर जमा हो गए—पंचलैट, पंचलैट!

पंचलैट के सिवा और कोई गप नहीं, कोई दूसरी बात नहीं। सरदार ने गुड़गुड़ी पीते हुए कहा, "दुकानदार ने पहले सुनाया, पूरे पाँच कौड़ी पाँच रुपया। मैंने कहा कि दुकानदार साहेब, यह मत समझिए कि हम लोग एकदम देहाती हैं। बहुत-बहुत पंचलैट देखा है। इसके बाद दुकानदार मेरा मुँह देखने लगा। बोला, लगता है आप जाति के सरदार हैं! ठीक है, जब आप सरदार

होकर खुद पंचलैट खरीदने आए हैं तो जाइए, पूरे पाँच कौड़ी में आपको दे रहे हैं।"

दीवानजी ने कहा, "अलबत्ता चेहरा परखनेवाला दुकानदार है। पंचलैट का बक्सा दुकान का नौकर देना नहीं चाहता था। मैंने कहा, देखिए दुकानदार साहेब, बिना बक्सा पंचलैट कैसे ले जाएँगे! दुकानदार ने नौकर को डाँटते हुए कहा, क्यों रे! दीवानजी की आँख के आगे 'धुरखेल' करता है; दे दो बक्सा!"

टोले के लोगों ने अपने सरदार और दीवान को श्रद्धा-भरी निगाहों से देखा। छड़ीदार ने औरतों की मंडली में सुनाया–"रास्ते में सन्न-सन्न बोलता था पंचलैट!"

लेकिन...ऐन मौके पर 'लेकिन' लग गया! रूदल साह बनिये की दुकान से तीन बोतल किरासन तेल आया और सवाल पैदा हुआ, पंचलैट को जलाएगा कौन!

यह बात पहले किसी के दिमाग में नहीं आई थी। पंचलैट खरीदने के पहले किसी ने न सोचा। खरीदने के बाद भी नहीं। अब, पूजा की सामग्री चौक पर सजी हुई है, कीर्तनिया लोग खोल-ढोल-करताल खोलकर बैठे हैं और पंचलैट पड़ा हुआ है। गाँववालों ने आज तक कोई ऐसी चीज नहीं खरीदी, जिसमें जलाने-बुझाने का झंझट हो। कहावत है न, भाई रे, गाय लूँ? तो दुहे कौन?...लो मजा! अब इस कल-कब्जेवाली चीज को कौन बाले?

यह बात नहीं कि गाँव-भर में कोई पंचलैट बालनेवाला नहीं। हरेक पंचायत में पंचलैट है, उसके जलानेवाले जानकार हैं। लेकिन सवाल है कि पहली बार नेम-टेम करके, शुभ-लाभ करके, दूसरी पंचायत के आदमी की मदद से पंचलैट जलेगा? इससे तो अच्छा है कि पंचलैट पड़ा रहे। जिन्दगी-भर ताना कौन सहे! बात-बात में दूसरे टोले के लोग कूट करेंगे–तुम लोगों का पंचलैट पहली बार दूसरे के हाथ से...! न, न! पंचायत की इज्जत का सवाल है। दूसरे टोले के लोगों से मत कहिए!

चारों ओर उदासी छा गई। अँधेरा बढ़ने लगा। किसी ने अपने घर में आज ढिबरी भी नहीं जलाई थी।...आज पंचलैट के सामने ढिबरी कौन बालता है!

सब किए-कराए पर पानी फिर रहा था। सरदार, दीवान और छड़ीदार के मुँह में बोली नहीं। पंचों के चेहरे उतर गए थे। किसी ने दबी हुई आवाज में कहा, "कल-कब्जेवाली चीज का नखरा बहुत बड़ा होता है।"

एक नौजवान ने आकर सूचना दी—"राजपूत टोली के लोग हँसते-हँसते पागल हो रहे हैं। कहते हैं, कान पकड़कर पंचलैट के सामने पाँच बार उठो-बैठो, तुरन्त जलने लगेगा।"

पंचों ने सुनकर मन-ही-मन कहा, "भगवान ने हँसने का मौका दिया है, हँसेंगे नहीं?" एक बूढ़े ने आकर खबर दी, "रूदल साह बनिया भारी बतंगड़ आदमी है। कह रहा है, पंचलैट का पम्पू जरा होशियारी से देना!"

गुलरी काकी की बेटी मुनरी के मुँह में बार-बार एक बात आकर मन में लौट जाती है। वह कैसे बोले? वह जानती है कि गोधन पंचलैट बालना जानता है। लेकिन, गोधन का हुक्का-पानी पंचायत से बन्द है। मुनरी की माँ ने पंचायत में फरियाद की थी कि गोधन रोज उसकी बेटी को देखकर 'सलम-सलम' वाला सलीमा का गीत गाता है—'हम तुमसे मोहोब्बत करके सलम!' पंचों की निगाह पर गोधन बहुत दिन से चढ़ा हुआ था। दूसरे गाँव से आकर बसा है गोधन, और अब तक टोले के पंचों को पान-सुपारी खाने के लिए भी कुछ नहीं दिया। परवाह ही नहीं करता है। बस, पंचों को मौका मिला। दस रुपया जुरमाना! न देने से हुक्का-पानी बन्द। आज तक गोधन पंचायत से बाहर है। उससे कैसे कहा जाए! मुनरी उसका नाम कैसे ले? और उधर जाति का पानी उतर रहा है।

मुनरी ने चालाकी से अपनी सहेली कनेली के कान में बात डाल दी—"कनेली!...चिगो, चिध-ऽऽ, चिन...! कनेली मुस्कराकर रह गई—"गोधन तो बन्द है!" मुनरी बोली, "तू कह तो सरदार से!"

"गोधन जानता है पंचलैट बालना!" कनेली बोली।

"कौन, गोधना? जानता है बालना? लेकिन...।"

सरदार ने दीवान की ओर देखा और दीवान ने पंचों की ओर। पंचों ने एकमत होकर हुक्का-पानी बन्द किया है। सलीमा का गीत गाकर आँख का इशारा मारनेवाले गोधन से गाँव-भर के लोग नाराज थे। सरदार ने कहा, "जाति की बन्दिश क्या, जबकि जाति की इज्जत ही पानी में बही जा रही

है! क्यों जी दीवान?"

दीवान ने कहा, "ठीक है।"

पंचों ने भी एक स्वर में कहा, "ठीक है। गोधन को खोल दिया जाए।"

सरदार ने छड़ीदार को भेजा। छड़ीदार वापस आकर बोला, "गोधन आने को राजी नहीं हो रहा है। कहता है, पंचों की क्या परतीत है? कोई कल-कब्जा बिगड़ गया तो मुझे दंड-जुरमाना भरना पड़ेगा।"

छड़ीदार ने रोनी सूरत बनाकर कहा, "किसी तरह गोधन को राजी करवाइए, नहीं तो कल से गाँव में मुँह दिखाना मुश्किल हो जाएगा।"

गुलरी काकी बोली, "जरा मैं देखूँ कहके!"

गुलरी काकी उठकर गोधन के झोंपड़े की ओर गई और गोधन को मना लाई। सभी के चेहरे पर नई आशा की रोशनी चमकी। गोधन चुपचाप पंचलैट में तेल भरने लगा। सरदार की स्त्री ने पूजा की सामग्री के पास चक्कर काटती हुई बिल्ली को भगाया। कीर्तन-मंडली का मूलगैन मुरछल के बालों को सँवारने लगा। गोधन ने पूछा, "इसपिरिट कहाँ है? बिना इसपिरिट के कैसे जलेगा?"

...लो मजा! अब यह दूसरा बखेड़ा खड़ा हुआ! सभी ने मन-ही-मन सरदार, दीवान और पंचों की बुद्धि पर अविश्वास प्रकट किया—बिन बूझे-समझे काम करते हैं ये लोग! उपस्थित जन-समूह में फिर मायूसी छा गई। लेकिन, गोधन बड़ा होशियार लड़का है। बिना स्पिरिट के ही पंचलैट जलाएगा—"थोड़ा गरी का तेल ला दो!" मुनरी दौड़कर गई और एक मलसी गरी का तेल ले आई। गोधन पंचलैट में पम्प देने लगा।

पंचलैट की रेशमी थैली में धीरे-धीरे रोशनी आने लगी। गोधन कभी मुँह से फूँकता, कभी पंचलैट की चाबी घुमाता। थोड़ी देर के बाद पंचलैट से सनसनाहट की आवाज निकलने लगी और रोशनी बढ़ती गई; लोगों के दिल का मैल दूर हो गया। गोधन बड़ा काबिल लड़का है!

अन्त में पंचलाइट की रोशनी से सारी टोली जगमगा उठी तो कीर्तनिया लोगों ने एक स्वर में, महावीर स्वामी की जय-ध्वनि के साथ कीर्तन शुरू कर दिया। पंचलैट की रोशनी में सभी के मुस्कराते हुए चेहरे स्पष्ट हो गए। गोधन ने सबका दिल जीत लिया। मुनरी ने हसरत-भरी निगाह से

गोधन की ओर देखा। आँखें चार हुईं और आँखों-ही-आँखों में बातें हुईं– 'कहा-सुना माफ करना! मेरा क्या कसूर!'

सरदार ने गोधन को बहुत प्यार से पास बुलाकर कहा, "तुमने जाति की इज्जत रखी है। तुम्हारा सात खून माफ। खूब गाओ सलीमा का गाना।"

गुलरी काकी बोली, "आज रात मेरे घर में खाना गोधन!"

गोधन ने फिर एक बार मुनरी की ओर देखा। मुनरी की पलकें झुक गईं।

कीर्तनिया लोगों ने एक कीर्तन समाप्त कर जय-ध्वनि की–'जय हो! जय हो!'...पंचलैट के प्रकाश में पेड़-पौधों का पत्ता-पत्ता पुलकित हो रहा था।

सिरपंचमी का सगुन

निहाई पर हथौड़े की आखिरी चोट कुछ ऐसी अस्वाभाविक आवाज में बजी कि लुहरसार में बैठे हुए सभी गृहस्थ अचकचा उठे। सभी की आँखें कालू कमार की निहाई पर एक ही साथ केन्द्रित हो गईं—यह क्या, टेढ़ा फाल! किसका फाल! सिंघाय का? क्या हुआ?...ना-दिहन्द गृहस्थ।

सिंघाय मुँह फाड़े देखता रहा। उसके फाल पर आखिरी चोट देकर उसे काठ के कठौते में डालते हुए कालू कमार ने अर्थपूर्ण दृष्टि से उसकी ओर

देखा। कठौते में गरम फाल छनछना उठा। सिंघाय को अचानक ज्ञान हुआ–कालू ने उसका फाल टेढ़ा कर दिया! हथौड़े की अस्वाभाविक आवाज उसके कानों के पास एक बार फिर प्रतिध्वनित हो गई। बुझते हुए लोहे की लोहाइन गन्ध-भरी भाप लुहरसार में मँडराने लगी।

सिंघाय के दिल में अचानक कुछ सुलग उठा–"अच्छा, तुमने मेरा फाल टेढ़ा कर दिया कालू?"

"तो क्या करता?" कालू ने एक हाथ से धौंकनी की कड़ी खींचते हुए कहा, "तो क्या करता?" फिर दूसरे हाथ की पाँचों उँगलियाँ दिखाकर बोला, "एक नहीं, दो नहीं, पूरे पाँच साल का खैन बाकी है; न अगहनी फसल में एक चुटकी धान और न रबी फसल का मुट्‌ठी चना। खैन के लिए कचहरी में नालिस तो नहीं करने जाएँगे हम! क्या करता?"

"ऐन सिरपंचमी के दिन ही?"

"ऐन-गैन बतकही पंचायत बुलाकर करो, सिंघाय! बैठे हैं यहाँ जवारभर के गृहस्थ किसान, छोटे-बड़े। इन्हीं लोगों से विचार कराओ।"

टेढ़ा फाल! जिला-जवार का कोई कमार या लुहार टेढ़े फाल को छू नहीं सकता। जाति की बन्दिश से कौन बाहर जाएगा? शहर के लुहार भी अब नहीं करते ऐसा काम–चुराकर भी नहीं। जाति की बड़ी सभा में इस बात की भी बन्दिश हो चुकी है, इस बार। कहाँ जाएगा सिंघाय या उसके जैसा ना-दिहन्द हलवाला टेढ़ा फाल लेकर? कालू कमार का कमाया हुआ खैन मारकर खेती करना खेल नहीं। ट्रैक्टर जोतनेवाले बड़े किसान भी कालू का खैन नहीं काट सके...फाल को ऐसे हिसाब से टेढ़ा किया जाता है कि हल की अँकड़ी में पच्चर लगाकर भी न बैठ सके।

सँड़सी से सिंघाय के फाल को पकड़कर कठौते से बाहर किया कालू कमार ने।...फाल टेढ़ा होकर कितना बदसूरत हो जाता है!

सिंघाय ने एक लम्बी साँस छोड़कर लुहरसार में बैठे हुए गृहस्थों पर निगाह दौड़ाई। ऊँहूँ! एक भी हमदर्द सूरत नहीं; कोई नहीं!

ठाँ-ठाँ-ठाँ-ठुन्न! ठाँ-ठुन्न! कालू अपने देनदार गृहस्थों का फाल पीटता और कठौते में डाल देता–छुँ-छुँ-छुँ-ऊँ गड़र्र-र लोहाइन गन्धवाली भाप रह-रहकर मँडरा जाती।

सिंघाय के मन में कुछ धुँधुआ उठा...नहीं करवाएगा पंचायत! उसने उठकर अपने उपेक्षा फाल को टोकरी में रख लिया। लुहरसार से बाहर निकलकर उसने ओट में पड़ी हुई खैनी थूक दी।...थूकते समय 'थू' पर जरा ज्यादा जोर दिया उसने।

सिंघाय के जाते ही अब तक चुप बैठे हुए गृहस्थ किसानों के मुँह खुले। सभी ने कालू कमार के पक्ष का समर्थन किया।...मुरव्वत की भी एक हद होती है!

सिरपंचमी के दिन सभी किसान बहुत नेक-टेम करके जाते हैं लुहरसार में। बाँस की नई टोकरी में एक पसेरी धान, दूब और पान-सुपारी के साथ हल का फाल, खुरपी और हँसिया लेकर पहुँचते हैं। नए साल की खेती के लिए सिरपंचमी को ही हल खड़ा किया जाता है।

कालू कमार आसपास के दस-बारह टोले का हल-फाल कमाता है। उसके दोनों जवान लड़के आरा-वसूली-रुखान लेकर लकड़ी का काम करते हैं, हल-हरेस-जुआ आदि के लिए लकड़ी छीलते हैं। धौंकनी, निहाई और हथौड़े से कालू कमार लोहे का छोटा-मोटा काम करता; फाल, खुरपी और हँसिया बनाता। गाँव के चार-पाँच हल जोतनेवाले किसानों से अच्छी अवस्था है कालू कमार की। बड़े-बड़े किसान भी बेर-बखत पड़ने पर उससे कर्ज ले जाते हैं, कागज बनाकर।...लेकिन बाकी खैन का तो कागज नहीं बना देता कोई! बाकी खैन वसूलने का यही एक जातीय तरीका है—सिरपंचमी के दिन का फाल टेढ़ा कर दो। सारी दुनिया रिरियाता फिरेगा, फाल सीधा कराने के लिए।

सिरपंचमी के दिन सभी किसान अपने-अपने सगुन की ही बात सोचते हैं। उस दिन किसी से बेकार रार न हो, किसी की नजर न लग जाए, कोई छींक न दे। लुहरसार से लौटकर बैलों को नहलाकर सींग में तेल लगाया जाता है। हल के हरेस पर चावल के आटे की सफेदी की जाती है। औरतें उस पर सिन्दूर से माँ लक्ष्मी के दोनों पैरों की उँगलियाँ अंकित करती हैं। गाँव से बाहर परती जमीन पर गाँव-भर के किसान अपने हल-बैल और बाल-बच्चों के साथ जमा होते हैं। नई खुरपी से सवा हाथ जमीन छीलकर केले के पत्ते पर अक्षत-दूध और केले का मोती-प्रसाद चढ़ाया

जाता है। धूप-दीप देने के बाद, हल में बैलों को जोतकर पूजा के स्थान से जुताई का श्रीगणेश किया जाता है। फाल की रेफ पूजा के बीच में पड़े, इसका खयाल सभी किसान रखते हैं। अपने-अपने हलवाहों को सचेत कर देते हैं—बाएँ-बाएँ, जरा दाहिने! पाँच चक्कर दक्षिण से उत्तर और पाँच पूर्व से पश्चिम! जुताई के समय जिसका बैल मल-मूत्र त्याग करे, उसको खाद-पानी की कमी नहीं होगी इस साल की खेती में। आज जिसका बैल बैठ गया या जुए से खुल गया—उसकी खेती के मालिक सीताराम! छोटे-छोटे बच्चे भी सतर्क होकर अपने बैलों को देखते रहते हैं—"बाबा देखो, देखो, अपना गोला बैल क्या कर रहा है।" तालियाँ बजाकर नाचते हैं—"सबसे पहले हमारा बैल...!"

सिंघाय का सगुन लुहरसार में ही बिगड़ गया। फाल नहीं, कालू ने उसकी तकदीर टेढ़ी कर दी। घर लौटते समय सिंघाय की आँखें कई बार भर-भर आईं। उसका पाँच साल का बेटा माधो उसकी राह देख रहा होगा। माधो की माँ गुड़ की खिचड़ी बना रही होगी।...क्या करे सिंघाय? कहाँ जाए! क्या जवाब देगा बीवी-बच्चे को?

सिंघाय का सुलगा हुआ मन धीरे-धीरे बुझने लगा। उसको लगा, अन्दर लोहाइन गन्धवाली भाप घुमड़ रही है।...ठाँ-ठाँ-ठाँ-ठुन्न!...छुँ-छुँ-छुँ-ऊँ-गुड़र्र-र!

गाँव की सीमा के बाहर ही घर-घर पकती हुई गुड़खिचड़ी की गन्ध ने सिंघाय की चेतना को फिर से झकझोर दिया।...जाने किस दिन का बदला लिया है कालू ने!

पाँच साल का खैन उसका बाकी जरूर है, सिंघाय कबूल करता है। लेकिन इसके बदले कालू ने जाने कितनी बार बेगार करवाई है। दूध, कबूतर, केले, साग-सब्जी का दाम कभी कालू या उसकी बीवी ने नहीं दिया। कालू के लड़कों ने कितनी बार उससे शीशम का पेड़ कटवाया है, तख़्ती चीरते समय घंटों उससे आरा खिंचवाया है। सिंघाय-जैसा दो-चार जजमान हर टोले में है कालू कमार का।...पछिमा टोले के दोरिक के जिम्मे कालू का सात साल का खैन बाकी पड़ा है। दोरिक के पास एक गाछ जेठवा आम है, एक गाछ लीची। सिंगेसर ने आज तक किसी पनिया-पंसारी को खैन नहीं दिया है जिन्दगी में, न कमार को, न चमार को, न धोबी को। सिंगेसर तुम्बाफेरी

करना जानता है न! डर से खैन नहीं माँगता कोई।...जाने किस बैर का बदला लिया कालू ने!

गाँव में प्रवेश करते समय सिंघाय ने सुना, कागा बोल रहा है।...अशुभ-असगुन भरी बोली कागा की! टेढ़ा फाल! टेढ़ी तकदीर!

"बाबा आ गया! आ गया! सबसे पहले हमारा बाबा आ गया!"

सिंघाय के पैर बँध गए। एक पसेरी धान की टोकरी मनों भारी लगने लगी सिर पर। क्या करे सिंघाय?...चूल्हे की आग में तपाकर, सिलबट्टे पर लोढ़े से पीटने पर थोड़ा भी सीधा नहीं होगा क्या? माधो आकर पाँव से लिपट गया–"मेरी छोटी खुरपी बनवा लाए? देखूँ, कहाँ है मेरी खुरपी...!" अपने बाप के हाथ की पकड़ से ही माधो समझ गया, कोई बात है। उसने अपने बाप के मुँह की ओर देखा।

आँगन में आकर जब जलते हुए चूल्हे में फाल झोंक दिया सिंघाय ने, तो उसकी स्त्री 'हा-हा' कहकर दौड़ पड़ी–"तुम्हारी मति मारी गई है क्या? हो क्या गया है तुमको? ऐन सिरपंचमी के दिन फाल को चूल्हे में क्यों झोंक दिया तुमने?"

"ठीक किया है। फाल ही नहीं, अभी हलहरेस को भी काटकर..."

"चुप करो! अलच्छन-कुलच्छन बात जबान पर मत लाओ। क्या हुआ है, बोलते क्यों नहीं?"

सिंघाय ने चूल्हे में झोंकने की नीयत से नहीं झोंका था फाल चूल्हे में! जब माधो की माँ 'हा-हा' कहकर दौड़ी तो उसका दिल भर आया और उसने खेती-बारी को भला-बुरा कहना शुरू किया–"ऐसी खेती-बारी का...।"

सिंघाय के अन्दर मँडराती भाप मुँह, आँख और नाक से एक ही साथ निकलना चाहती है–"माधो बबुआ!" वह ओसारे का खम्भा पकड़कर बैठ गया–"इधर आओ! रोओ मत!"

"बबुआ को तो चुप कराते हो और खुद कलप रहे हो! खोलकर कुछ बोलते क्यों नहीं...माधो के बाबू?" सिंघाय के पास आकर बोली माधो की माँ। उसने अपने घरवाले की ओर देखा, हृदय की सारी सहानुभूति आँखों

में भरकर–"माधो के बाबू...!"

लोहाइन गन्धवाली भाप बिला गई। सिंघाय संयत होकर बोला, "अब हम खेती नहीं करेंगे माधो की माँ! मैंने तय कर लिया है।...आज कमार ने दस गाँव के लोगों के बीच मुझे बेपानी कर दिया। फाल टेढ़ा कर दिया।"

"फाल टेढ़ा कर दिया?" माधो की माँ का चेहरा अचानक तमक उठा। उसको चूल्हे में पड़ी फाल की सुधि आई। उसने चूल्हे की ओर देखा, खिचड़ी का पानी कड़ाही में खौल रहा है।

"दस ड्योढ़े पन्द्रह मन धान तो मैं नहीं देने जाता। और दूँगा कहाँ से पन्द्रह मन धान! बाप रे!"

माधो की माँ चूल्हे से फाल निकालने लगी, बाँस का खोंखा लेकर। धधकते चूल्हे में टेढ़ा फाल! वह बोली, "खैन-धान की बात नहीं। असल कारन मैं जानती हूँ। उस दिन कालू की घरवाली खेत से एक बोझा ऊख काटकर ले जा रही थी। मुझसे गरमा-गरम बतकही हो गई।...बच्चे के लिए! बच्चे-कच्चे के लिए एक नहीं, चार ऊख ले ले कोई। पर बोझा-भर ऊख कोई बिना पूछे काट ले, तो क्या कहा जाए? तुनककर ऊख फेंक गई। उसी दिन मैंने समझा था, वह पतलजीभी..."

सिंघाय ने टोका–"कब? किस दिन?"

"पाँच-सात दिन हुए।"

"तुमने मुझसे कहा क्यों नहीं? और ऊख क्या हुई? कहाँ दे आई?"

सिंघाय का बदलता हुआ रुख देखकर माधो की माँ हुक्के के लिए चिलम तैयार करने लगी। चिलम में तम्बाकू डालती हुई बोली, "कहने की क्या बात थी, औरतों में ऐसे झगड़े होते ही रहते हैं! ऊख मैंने हाट में बेच दी।"

"सिरपंचमी के पहले क्यों झगड़ने गई बेकार!" सिंघाय ने हाथ में हुक्का लेते हुए कहा, "अब इस टेढ़े फाल से सिरपंचमी में हल कैसे खड़ा किया जाए?"

माधो की माँ और गरम हो गई–"जान-बूझकर झगड़ा मोल लेने आई थी कालू की घरवाली। उसके पेट में बहुत पहले से बदमाशी फल रही थी। अब समझी, असल कारन...।"

"असल कारन! औरतों को ही सब कारन मालूम हो जाता है सबसे पहले!" माधो की माँ चुप हो गई।...सिरपंचमी के दिन भी मार-पीट करेगा क्या! सिंघाय ने माधो को फिर अपने पास बुलाया–"माधो! बबुआ!"

"अब तो गलती हो गई!" माधो की माँ बोली।

"उदास मत हो माधो की माँ!"

उदास नहीं है माधो की माँ, उपाय सोच रही है। सामने सिरपंचमी का सगुन! नाक काट ली कालू की बीवी ने; काट नहीं ली, टेढ़ी कर दी। क्या किया जाए। उसने चूल्हे से निकलते हुए फाल की ओर देखा–ऐंठा हुआ, काला-कलूटा लोहे का टुकड़ा, भद्दा, साकार असगुन! माधो की माँ के सामने कोयले की लहलहाती हुई भट्ठी बार-बार लहक उठती है।...कोयले के बड़े-बड़े टुकड़े! लपलपाती लपटें! बड़े-बड़े हथौड़े...अच्छी याद आई। ठीक ही तो! रेलवे पुल के पास रेलवे मिस्त्री लोग काम कर रहे हैं कई दिन से। माधो की माँ तीन दिन दूध बेच आई है। मशीन से चलनेवाली धौंकनी है; लोहे के मोटे-मोटे टुकड़े लाल टेसू हो जाते हैं बात-की-बात में। माधो की माँ ने देखा है, हथौड़ा पीटनेवाले जवान मिस्त्री की आँखों में पानी है। वह बोली, "ठहरो!"

"आज सिरपंचमी के दिन कौन खाएगा? कबूतर क्यों निकाल रही हो माधो की माँ?"

"सबुर करो। भगवान ने चाहा तो...खिचड़ी का पानी उतार दूँ या तुम पकाओगे?"

"तू जा कहाँ रही है?" सिंघाय अवाक् देखता रहा।

माधो की माँ ने दूध के बरतन से आधा सेर दूध लिया छोटे बरतन में, नया अरवा चावल सेर-भर, मूँग की दाल। अपनी हाटवाली टोकरी में सबकुछ रखकर वह फाल पर पानी डालकर ठंडा करने लगी।

"कहाँ जा रही है, हाट पर? कह रहा हूँ, दुनिया का कोई लुहार नहीं छुएगा तुम्हारा टेढ़ा फाल।"

"माधो के बाबू! तुम बैलों को नहलाओ, मैं अभी आई। पाव कोस जमीन जाते-जाते जितनी देर लगे।" माधो को फुसलाकर चुप कराती हुई माधो की माँ आँगन से निकल गई। सिंघाय आखिरी बार बड़बड़ाया–"कहाँ

गई भगवान जाने!"

माधो ने हँसकर कहा, "माँ मेरे लिए खुरपी लाने गई है।"

बूढ़े रेलवे मिस्त्री ने सीधा-सम्बर के साथ माधो की माँ के सलोने स्वास्थ्य को भी आज गौर से देखा।...हूँ! गाँव के लुहार-कमार लोहे और लकड़ी को ही पहचानते हैं, सोने को क्या पहचानें! तिरपाल की छाया में बैठने को कहा माधो की माँ को। बूढ़े मिस्त्री ने माधो की माँ की दुख-भरी कहानी सुनी, चुपचाप।...सिरपंचमी का सगुन लेकर आई है माधो की माँ!

जवान मिस्त्री ने कहा, "इसमें सोचने-विचारने की क्या बात है मास्टर! पीट दीजिए फाल!"

बूढ़े मिस्त्री ने कहा, "बाद में कोई झंझट करें गाँववाले तो?"

"झंझट!" जवान मिस्त्री हँसा—"आप भी कैसी बात करते हैं मास्टर! रेलवई हद के अन्दर कौन झंझट करने आएगा? तिस पर देहात का आदमी!"

माधो की माँ ने बूढ़े मिस्त्री की ओर बड़ी करुणा-भरी निगाह से देखा, घूँघट जरा सरकाकर।

बूढ़ा मिस्त्री तब तक गाँजे की चिलम शेष कर चुका था। उसने नई निगाह से देखा माधो की माँ की ओर।...दोपहर में खिलनेवाले फूल का क्या भला-सा नाम है, प्लेटियर साहब के बँगले पर दोपहरिया फूल!

"अच्छी बात। बैठो, बैठो! आराम से बैठ जाओ!"

माधो की माँ घूँघट खींचकर टोकरी से फाल निकालने लगी—"जरा जल्दी मिस्त्रीजी, सगुन की बेला में अब देर नहीं।"

मशीन से चलनेवाली घरघराती हुई धौंकनी फुफकार उठी—फू-ऊ-ऊ!... कहाँ का टेढ़ा फाल!

माधो की माँ एकटक अपने फाल को देखती रही। बात-बात में लाल हो गया उसका फाल। जवान मिस्त्री ने माधो की माँ की ओर देखकर कहा, "सौ चोट लुहार की तो एक चोट सरकार की!" माधो की माँ दाँत खोलकर मुस्कराई। लाल टेढ़े फाल को निकालकर निहाई पर रखा जवान मिस्त्री ने। ठनाँग-ठनाँग-ठनाँग...!

प्रत्येक चोट पर क्रमशः मुस्कराहट खिलती गई माधो की माँ के होंठों पर।...सुधरा हुआ सगुन। वह खिलखिलाकर हँस पड़ी। कितना बढ़िया लगने लगा अब वही फाल! कृतज्ञता से गद्गद हो गई वह। उसके सिर का कपड़ा बार-बार सरककर गिरा। बूढ़े मिस्त्री की आँखों में बार-बार रंग उतर आया।

फाल के बाद जब माधो की माँ ने एक नंगी भोथरी खुरपी निकाली तो जवान मिस्त्री हँस पड़ा। बोला, "कपड़े के नीचे छिपाकर बैठी है, न जाने और क्या-क्या!"

माधो की माँ लजा गई। बोली, "बस, एक खुरपी यह है। और एक छोटी-सी खुरपी बबुआ के लिए यदि बना दो।...हँसुआ मैं सिल पर ही तेज कर लूँगी।"

बूढ़े मिस्त्री ने कहा, "बना दे धतुरिया, जो-जो चीज कहती है बना दे।...लेकिन खुरपी का बेंट तो हमारे पास न बनेगा।"

धतुरिया ने कहा, "वह भी हो जाएगा। बड़ेवाले औजार-बक्स में कई छोटे-बड़े छूँछे बेंट हैं पुराने; लगा दूँगा।"

"लगा दे, लगा दे। तुम छाया में बैठो, दूधवाली! बना देगा सबकुछ। बना दे धतुरिया।" बूढ़ा गाँजे में दम लगाने लगा।

दो घंटे में ही सबकुछ बनकर तैयार हो गया। दो घंटे तक बूढ़े मिस्त्री ने अपने सिरपंचमी के साकार सगुन को जी भरकर निहारा।

माधो की माँ बोली, "कल सिरपंचमी का परसाद दे जाऊँगी। केला अधपका है घर में।...गरीब आदमी हैं हम।"

बूढ़ा दो चिलम गाँजा पीने के बाद, मनोकामनापूर्ण करनेवाले, बाबाज़ी के मूड में आ गया था। बोला, "कौन अमीर है, कौन गरीब है!...तुम्हारा घरवाला भला गरीब? बस, अभी दस दिन हम लोग हैं यहाँ। चाय के लिए पाव-भर दूध की रोज जरूरत होती है। परदेसी आदमी...।"

"पाव-भर ही क्यों, मैं रोज आध सेर दूध दे जाऊँगी।"

जवान मिस्त्री ने बीड़ी सुलगाते हुए माधो की माँ के सामने एक बीड़ी फेंक दी। माधो की माँ बोली, "मैं बीड़ी-तम्बाकू नहीं पीती भैया!"

टोकरी सिर पर रखने से पहले उसने सूरज की ओर देखा।...हल उठने से पहले ही वह गाँव पहुँच जाएगी।

बूढ़ा मिस्त्री बहुत देर तक देखता रहा, जब तक वह रेलवे बाँध के नीचे नहीं उतर गई।

माधो की माँ के पर लग गए हैं। वह इतनी हल्की हो गई है कि धरती पर पाँव ही नहीं पड़ते हैं मानो। पाव कोस जमीन पलक मारते पार हो गई; अपने गाँव की सीमा पर आकर उसने कमर में बँधे साड़ी के आँचल को खोलकर सिर पर घूँघट लिया। फिर टोकरी कमर में लेकर धीरे-धीरे चलने लगी। आँगन में प्रवेश करने के पहले ही उसकी नजर बिना नहाए हुए बैलों पर पड़ी। भला आदमी तो सो रहा है कम्बल बिछाकर।

"बबुआ!" बबुआ नहा-धोकर हाथ में पीली-धोती लिए पड़ोस में घूम रहा था। माँ की बोली सुनकर दौड़ता हुआ आया।

सिंघाय की नींद खुली। लेकिन सपने का भ्रम छाया रहा उसकी आँखों पर।

माधो अपनी छोटी-सी प्यारी खुरपी दिखला रहा है, लाल बेंटवाली। माधो ने कहा, "बाबा, जल्दी बैलों को नहलाओ। माँ फाल सीधा करवा लाई। तुम्हारी खुरपी में भी अंगरेजी बेंट है।"

"ऐं!" सिंघाय ने माधो और उसकी खुरपी को छूकर देखा। ठीक ही तो! यह तो सचमुच माधो है!

दबी हुई खिलखिलाहट सुनकर उसने निगाह उठाई—"अरे माधो की माँ!"

माधो की माँ बोली, "ऐसी नींद है तुम्हारी? और इतना भौंचक्क होकर क्या देख रहे हो?"

सिंघाय हड़बड़ाकर उठा।...यह माधो की माँ भी सचमुच माधो की ही माँ है। माधो की माँ ने आँचल में छिपाई हुई टोकरी सामने रख दी। सिंघाय ने झपटकर अपना फाल निकाला—"अरे वा-ह-ह! ऐसी धार! और, यह तुम्हारा हँसुआ और मेरी खुरपी में भी अंगरेजी बेंट!...माधो की माँ, अब क्या कहूँ, सचमुच तुम जादू जानती हो।..."

"रहने दो! घंटे में पाँच बार मिजाज बदलता है मर्द का! न तुरन्त आँख

लाल करके लाठी चमकाते लाज और न दाँत निपोरकर दुम हिलाते लाज!" माधो की माँ मान-भरी मुस्कराहट बिखराकर बोली, "गाँव के लोग हल-बैल लेकर निकल रहे हैं और तुम सोए हो।"

सिंघाय की देह में दुनिया-भर की फुर्ती आ गई। बोला, "तुरत!"

गाँव से उत्तर, परती पर सभी किसान जमा हो रहे हैं, हल-बैल और बाल-बच्चों के साथ।

हलवाहों और चरवाहों को नई धोती मिली है। तेल-लगे बैलों के सींग धूप में चमकते हैं।

गाँव-भर के लोग श्रीपंचमी का सगुन देखने आए हैं। एक नौजवान हलवाह रह-रहकर गाँव की ओर मुँह करके पुकारता है—'चल ऽ-ऽ-ऽ! चल-ऽ! हल उठे-ए-ए-ए हो-ओ-ओ-ओ!"

गाँव की पुरानी रीत है...क्या बारह हल जोतनेवाले बड़े और क्या एक हल जोतनेवाले छोटे, सभी किसान एक साथ हल खड़ा करेंगे।

"हलवाहे सभी आ गए, सिंघाय को छोड़कर।"

"सिंघाय को छूटा हुआ ही समझो! वह नहीं आएगा।"

"आ रहा है।...सिंघाय भी आ रहा है।"

"टेढ़े फाल से ही सिरपंचमी करेगा...टेढ़े फाल से?"

सिंघाय ने कन्धे से हल उतारकर जवाब दिया—"भगवान की नजर टेढ़ी न हो, फिर फाल तो फाल, सिंघाय का बाल भी नहीं टेढ़ा कर सकता कोई!"

सभी चकित हो गए। सीधा फाल! कहाँ से फाल सीधा करवा आया तुरत? एक-एक करके सभी सिंघाय के हल के पास आकर जमा हो गए। पहले ही खुरपी से जमीन छीलकर अपनी-अपनी पूजा पूज चुके थे सभी। सिंघाय की पूजा के समय गाँव-भर के लोग आकर जमा हो गए हैं...इसको कहते हैं सगुन! गाँव के सरगना किसान की पूजा के समय भी इतनी भीड़ नहीं थी।

"सचमुच! फाल भी सीधा है और खुरपी का बेंट? बेंट पर पालिस है। उसके बेटे की खुरपी तो और भी फैन्सी है। लाल बेंट! अंगरेजी बेंट!"

"अंगरेजी नहीं जरमनियाँ!" सिंघाय ने कहा, "पूजा के पहले छू-छा मत करो भाई! हम गरीब आदमी कहाँ से अंगरेजी बेंट लाएँगे।"

"पूजा पर बैठे हो, पूजा करो। अंगरेजी-फारसी पीछे छाँटना!" माधो की माँ विरक्त होकर घूँघट के नीचे से बोली।

मुट्ठी-भर अक्षत लेकर भक्ति-भरे मन से सिंघाय ने पूजा की। पूजा करने में उसने जान-बूझकर जरा देर कर दी।...इस शुभ घड़ी का 'पसर' कर उपभोग करे न वह!

माधो की माँ ने आँचल के खूँट से नई अठन्नी निकालकर पूजा पर रख दी। हल जोतने के बाद, फाल के मुँह पर आम के पल्लव में लपेटकर रुपया या अठन्नी बाँधते हैं।...माधो की माँ नई अठन्नी की तरह चमक रही है आज!

सिरपंचमी की रात में होरी गाते समय लोगों ने देखा, सिंघाय के गले में सबसे ज्यादा रस है।

न जाने कितने कुग्रहों की नजर काटकर एक सगुन शुभ होता है। शुभ सगुन के बाद भी कुग्रहों की नजर लगी रहती है।

गाँव के स्त्री-पुरुष, सिंघाय और उसकी स्त्री की गतिविधि पर सतर्क दृष्टि डाले बैठे हैं।...सगुन शुभ कैसे हुआ? माधो की माँ ने हाट में नई चोली खरीदी है। माधो का कुरता बाघ छाप कपड़े का है। माधो की माँ चार घंटे तक पुल के पास बैठती है, मिस्त्री लोगों के पास। जिसने बिगड़े सगुन को शुभ किया, उसका मन तो रखना ही होगा। आध सेर दूध का दाम तीन घंटे पर मिलता है भला! सिंघाय बेखबर है। कड़े पानी का फाल है उसका। खूब गहरे जोतता है। खेतों में कड़ा होने से क्या, घर-गृहस्थी में तो मिट्टी का लोंदा हुआ जा रहा है यह सिंघाय!

कालू कमार ने एक दिन अपने लुहरसार में बात छेड़ी—"अब तो जनाना लोग फाल पिटवाने जाती हैं इस गाँव की, रेलवे के लुहार के यहाँ!"

"जनाना लोग मत कहो। एक के चलते सभी को बदनाम मत करो!"

आज सिंघाय की अनुपस्थिति में उसके कई शुभेच्छु उसके पक्ष में बोल उठे, "देखो भाई, सभी की औरतें हाट-बाजार में सौदा बेचती-खरीदती हैं। अकारण ही किसी को दोष मत दो।"

"सिंघाय से कुछ ले-देकर निपटारा कर लो कालू!"

कालू चुपचाप धौंकनी की कड़ी खींचकर लोहा लाल करता रहा।

हल जोतकर लौटते समय, खड़ी दोपहरी को हरखू से बतकही हो गई सिंघाय की। हरखू ने गाली के बदले में गाली नहीं दी। लाल लोहे की तरह बात उसने सिंघाय के कलेजे पर बिठा दी—"सिंघाय, यह रेलवे गरमी बहुत देर नहीं रहेगी तुम्हारी!"

—रेलवे गरमी!

पाँच बाल्टी पानी से नहाने पर भी हरखू की बात की गरमी, सिंघाय की देह को तपाती रही। खाते समय दाल में अधिक नमक मालूम हुआ। माधो का मुँह देखकर वह चुप रहा।...दाल में इतना नमक डालकर भी मार से बच जाए रसोई बनानेवाली! सिंघाय चुपचाप खा गया, नमक से जली हुई दाल।

हुक्के का पानी पाँच दिन से बदला नहीं गया है। गुड़ की तरह लाल हो गया है। सिंघाय ने बीड़ी सुलगाई।

माधो की माँ हुक्के में ताजा पानी और चिलम में टटकी आग डालकर ले आई।

"सिरपंचमी का सगुन तो हुआ, एक दिन मिस्त्रीजी से भेंट क्यों नहीं कर आते; आज भी कह रहे थे मिस्त्रीजी।"

...दिन-रात 'मिस्त्रीजी-मिस्त्रीजी' करती है। रेलवे-मिस्त्री तो सभी दिन नहीं रहेगा? माधो की माँ न जाने क्यों चाहती है कि सिंघाय आज ही जाए रेलवे-मिस्त्री के पास। आज दूध देकर लौटते समय ही उसने तय किया है, माधो के बाप को भेजेगी।

"आज अबेर में खैनी-तमाकू पहुँचाना है मिस्त्रीजी को।"

माधो की माँ ने खोंचा देते हुए कहा, "अब अबेर-कुबेर को मैं तो नहीं जाऊँगी खैनी-तमाकू लेकर।"

सिंघाय कुछ सोचकर बोला, "ठीक है, आज मैं ही जाता हूँ। देखूँ तुम्हारे रेलवे-मिस्त्रीजी को।...हरखू की बात ठीक या तुम्हारी, आज ही देखना है।"

सिंघाय की आँखों के आगे टेढ़ा फाल नाच गया, एक बार।...हुक्का धुला है!

सिंघाय ने हुक्का पीते हुए पूछा, "माधो कहाँ गया है?...तू आज उदास

क्यों है माधो की माँ? इधर सुन तो जरा।"

माधो की माँ ने मुस्कराने की चेष्टा की।

सिंघाय का पैर टीपने लगी वह। हरखू की बात की गरमी उतर गई धीरे-धीरे।

"राम-राम मिस्त्रीजी! मैं माधो का बाप हूँ।"

"राम-रा...। माधो का बाप!" बूढ़े मिस्त्री ने सिंघाय को गौर से देखते हुए कहा। जवान मिस्त्री ने कहा, "दूधवाली का घरवाला?"

"ओ-ओ! दूधवाली का घरवाला, टेढ़े फालवाला?" बूढ़े मिस्त्री ने गा-गाकर कहा, "बैठो-बैठो, क्या नाम है तुम्हारा?"

सिंघाय को बूढ़े मिस्त्री की बात अच्छी नहीं लगी...दूधवाली का घरवाला, टेढ़े फालवाला! फिर भी वह चुपचाप बैठ गया। बोला, "मेरा नाम सिंघाय कहार है।"

"लेकिन सींग रहते भी...। ओ-ओ! कहार न हो! तुम्हारे गाँव के कमार का क्या नाम है?...कालू कमार? ओ-ओ!"

सिंघाय ने लक्ष्य किया, बूढ़े मिस्त्री की हर बात में गा-गाकर 'ओ-ओ' कहने की आदत है।..."बस, एक लड़का! पहला बेटा! ओ-ओ भैंस तुम्हारी दुधार है। दो सेर दूध देती है? ओ-ओ! ऊख की भी खेती करते हो? ओ-ओ!''

...बड़े रसिया हैं, बूढ़े मिस्त्री जी तो!...सिंघाय को हरखू की बात याद आई।...दूधवाली!

बूढ़े मिस्त्री ने सिंघाय को चाय पिलाई। पीने से पहले सिंघाय ने एक बार नजर बचाकर चारों ओर देख लिया। जिन्दगी में पहली बार उसने चाय पी। तामचीन के बर्तन में चाय पीते समय उसे माधो की याद आई। पहली चुसकी लेते समय ही उसके होंठ जल गए।

दोनों मिस्त्री हँस पड़े—"फूँक-फूँककर पियो...! देखता हूँ, तुमसे ज्यादा होशियार तुम्हारी घरवाली है!"

बूढ़े मिस्त्री का अनुमान गलत निकला। उसने सोचा था, टेढ़े फालवाला

बगलोल किस्म का आदमी होगा। चाय पीते समय उसके होंठ भले ही जले, गाँजे की चिलम को एक ही बार में सोंट गया सटसटाकर। और वह दूसरों की पुड़िया भूँजनेवाला नहीं। अपने बटुए में भी एकाध चिलम के लायक माल रखता है। दो चिलम पीने-पिलाने के बाद सिंघाय जरा वाचाल हो गया। उसने अपने पुरखों की एक-से-एक कहानियाँ सुनाईं, पौरुष-भरी। वह साधारण कहार नहीं, राज कहार है। उसके पुरखे राजा-रानी को ढोते थे डोली में।... उसने आठ वर्ष तक अखाड़े की मिट्टी देह में पचाई है। भैंस का दूध...!

बूढ़े मिस्त्री की मुस्कराहट को परखता है सिंघाय। जरूर कोई फूट की बात बोलेगा बूढ़ा।

बूढ़े मिस्त्री ने गा-गाकर कहा, "बेड़े-बड़े अखाड़े के पहलवान भी औरत के फेर में पड़कर एक ही साल में चित्त हो जाते हैं। समझे? औरत क्या है, धौंकनी। लोहे को गला दे!"

तीसरी चिलम के बाद जवान मिस्त्री ने सिंघाय से जरा ललकार-भरे सुर में कहा, "भैंस के दूध और अखाड़े की मिट्टी का मुँहजबानी बयान तो खूब सुना, दो हथौड़ा चलाओ तो समझूँ।"

सिंघाय तैश में आ गया। उसने कन्धे पर रखी गमछी से कनपट्टी बाँध ली। बूढ़े मिस्त्री ने मशीनवाली धौंकनी चलाई...फू-ऊ-ऊ! घर्र र-र!

सिंघाय ने बड़ा हथौड़ा उठाया–ए-ठाँय! ए-ठाँय! ए ठाँय! ए-ठ-र्-क्!

"सँभाल! के-ए-ए!" बूढ़ा मिस्त्री चिल्लाया। सिंघाय उछलकर दूर खड़ा हो गया। उसने जवान मिस्त्री की ओर देखा। सिंघाय का क्या कसूर! जवान मिस्त्री के हाथ से सँड़सी-सहित लोहा छूटकर छिटक गया। बाल-बाल बच गया सिंघाय का दाहिना पैर।

जवान मिस्त्री अवाक् होकर सिंघाय को देखता रहा। बूढ़े मिस्त्री के मुँह से निकला–"ओ-ओ!" बूढ़े मिस्त्री ने सिंघाय को अपने पास बिठाया और फिर पालिस की हुई बातें करने लगा–"ऐसी देह-दशावाले का फाल टेढ़ा कर देता है गाँव का कमार-लुहार? क्या धरा है गाँव में, शहर में तुम्हारे जैसा आदमी एक साल में कमाकर मगरमस्त हो जाए।" बूढ़े मिस्त्री ने बताया, उसके साहब बहुत अच्छे आदमी हैं। उसने सिंघाय-जैसे बहुत-से जवानों को नौकरी दिलवा दी है। सिंघाय गाँव में अपनी हड्डी को बेकार गला रहा है।

सिंघाय सोच-विचारकर देखे। घर-बाहर मिलाकर राय-बात करे।

कैसी राय-बात? गाँव छोड़ने की? माधो की माँ से? सिंघाय उपेक्षा-भरी हँसी हँसकर बोला, "शहर जाने की बात घर में सुनाकर घर-झगड़ा कौन मोल लेने जाए! एक तो मेरी घरवाली शहर और शहरवालों से चिढ़ी रहती है। दूसरे हम ठहरे गँवई-गाँव के आदमी। खेत-खलिहानों में बेकार भी पड़े रहेंगे, तो कोई बात नहीं। शहर में तो...।"

जवान मिस्त्री ने कहा, "तुम्हारी घरवाली तो कह रही थी कि गाँव से बाहर कमाने के लिए जाता ही नहीं है मेरा घरवाला!

सिंघाय का चेहरा तमतमा गया।...फाल सीधा कर दिया है तो क्या किसी की घरवाली की बात करेगा? सिंघाय ने अपनी अधूरी बात पूरी की–"शहर के आदमी की क्या परतीत, हँस-हँसकर बात करेंगे, कलेजे के अन्दर हाथ देंगे! गाँव की बहू-बेटी क्या जाने!"

"दूधवाली..."

सिंघाय ने बूढ़े मिस्त्री से कहा, "दूधवाली मत कहिए।...बड़ा खराब लगता है सुनने में।" सिंघाय की रुखाई देखकर बूढ़ा मिस्त्री चुप हो गया।

घर लौटते समय राम-राम कहना भूल गया सिंघाय। जवान मिस्त्री ने कहा, "कल दूध देकर जरा जल्दी भेज देना।"

सिंघाय ने कन्धे पर लाठी लटकाते हुए कहा, "कल दूध नहीं हो सकेगा।"

सिंघाय को अपनी भैंस की याद आई। भैंस के साथ माधो की माँ की भी। रास्ते में रह-रहकर बूढ़े मिस्त्री की कूट-भरी मुस्कराहट की याद आई। उस तरह मुस्कराने के माने? भैंस तुम्हारी दुधार है, माने? तुमसे ज्यादा होशियार तुम्हारी घरवाली है, माने?...बूढ़ा साला बड़ा रसिया है! ओ-ओ! शहर भगाने का मन्तर भी दे चुका है। ओ-ओ!

गाँव में प्रवेश करने के बाद सिंघाय के पैर खुद-ब-खुद कालू कमार के टोले की पगडंडी पर बढ़ गए।

कालू विस्मित हुआ। बोला, "मैं भी तुमसे मिलकर बात करना चाहता था। लेकिन तुम्हारी बहू ने ऊख छीनकर बेपानी कर दिया मेरी घरवाली को। नहीं तो तुम्हीं कहो, कभी खैन का तकाजा भी किया है?"

कालू की घरवाली बहुत मीठी बोली बोलना जानती है–"अहा-हा! सिंघाय को दोख मत दे कोई। आदमी नहीं, मिसरीकन्द है, लेकिन...अब जाने दो, क्या कहूँ! कितने लोग कितनी बातें करते हैं। रेलवे-मिस्त्री लोगों का क्या ठिकाना!"

कालू ने कहा, "फिर एक ही लड़केवाली जनानी तो बूढ़ी नहीं। जवान-जहान की मति है अभी भी! यों घरवाली तुम्हारी लछमी है, लछमी।"

कालू की बीवी ने मुँह टेढ़ा कर लिया–"लछमी! सिंघाय को लेकर शहर उड़ने के लिए कल-काँटा ठीक करवानेवाली बहू!"

सिंघाय ने कालू से एकान्त में एक बात करनी चाही–"एक बात है।"

लड़के की शपथ खिलाकर सिंघाय ने कहा, "रेलवे की बात है, इसीलिए कहते जरा डर लगता है।...पुल के नीचे पानी में लोहे के छोटे-मोटे टुकड़े डाल देता है, काम करते-करते।"

"कहाँ? पुल के नीचे? पानी में? जरूर, वह लोहा हाट के लुहार के पेट में जाएगा। कब तक काम चलेगा यहाँ? बस, कल तक?"

सिंघाय ने कहा, "रात में वे लोग माइल-घर में चले जाते हैं।"

कालू खुश हुआ। सिंघाय ने कहा, "मेरे लिए एक कुल्हाड़ा तैयार कर देना, कालू भाई!"

कालू हँसा–"एक कुल्हाड़ा!...चलो, पहले कुछ खा लो। एक बात करेंगे।"

कालू ने दाल में घी डालकर खिलाया सिंघाय को। कालू की स्त्री ने दूध में गुड़ मिलाकर पीने को दिया!–"खैन-धान कौन माँगता है तुमसे! हम लोगों को दिल की भूख है!"

कालू ने सिंघाय को तैयार कर लिया। न जाने क्यों, आज घर लौटने की आवश्यकता नहीं समझी सिंघाय ने।...कोई कांड हो जाएगा घर जाते ही, इसलिए उसने कालू की बात मान ली।

वसन्त पंचमी के बाद रात में एक विचित्र हवा चलती है इस इलाके में। जिसे लग जाए, उसे महीनों सुला दे। कालू और सिंघाय को नहीं लग सकती वह हवा।...चोर को न साँप काटता है और न निमोनिया होता है।

कालू और सिंघाय पुल के नीचे पानी में सतर्क होकर पाँव रखते हैं।

कनकन, ठंडा पानी, कुटकुट काटनेवाला कीचड़! पैर में गड़नेवाले लोहे के टुकड़े।...दर्जनों छोटे-बड़े टुकड़े। मनों लोहा। कालू की आँखों के आगे कुल्हाड़े, भाले, सरौते आदि की दुकान झलमला गई। हाट का लुहार इसी कारोबार से मालोमाल हुआ है।

सिंघाय का दिल ठंडा होने लगा धीरे-धीरे। रेलवे मिस्त्री-लोगों की क्षति करके उसे सन्तोष हुआ। कालू ने उसके दिल को फिर से गरम किया–"यदि तुम हथौड़ा चला दो, तो चार भाग में एक भाग तुम्हारा भी हो जाए। लकड़ी के काम में मेरे दोनों लड़कों की देह ही खराब हो गई। चार हाथ हथौड़ा नहीं पीट सकते।...कोयला मेरे घर में है काफी।"

चार भाग में एक भाग रकम चार आना! सिंघाय तैयार हो गया।...साले जवान मिस्त्री ने जान-बूझकर सँड़सी छोड़ दी थी शायद।

ए-ठाँय, ए-ठाँय!...बस! ए-ठाँय, ए-ठाँय! ठीक है! ए-ठाँय, ए-ठाँय! अब कल फिर। कालू ने उठकर सिंघाय की बाँह पकड़ी–"वाह सिंघाय भाई, अब आज रहने दो, भोर हो गई।...तुम्हारी घरवाली सचमुच लछमी है। क्या जतन से तुम्हारी देह पाल रखी है उसने! यहाँ तो साली...।"

सिंघाय ने चिलम तैयार करते हुए विरक्त वैरागी की मुद्रा बनाई–"क्या भोर-भोर औरतों की बात लेकर शुरू कर दिया! घटरमैन!"

"नहीं सिंघाय भाई! औरतों की बात में पड़कर मैंने तुमसे मनमुटाव कर लिया; और औरत ने तुम्हारे बिगड़े सगुन को सुधार दिया। औरत-औरत की बात!"

"पहले अन्दाज बताओ कि कितने का हिसाब बनेगा?"

"तुम निश्चिन्त रहो। अब जाओ घर, आराम करो। तुम्हारी घरवाली रात-भर सोई नहीं होगी।"

सोई नहीं होगी! सिंघाय ने घर लौटते समय रुपए का हिसाब किया।...साली सोई नहीं होगी भला–शहर का सपना देखती रही होगी रात-भर।...रकम सोलह आने में चार आना। ओ-ओ! तुम्हारी घरवाली तुमसे ज्यादा होशियार है। ओ-ओ! दूधवाली! टेढ़े फालवाला!

"हे भगवान! खूब हो तुम, संझा का तारा उगने से लेकर भुरकुवा के डूबने तक टकटकी लगाए बैठी हूँ। माधो तो भूखा ही सो गया। कहाँ रहे

रात-भर माधो के बाबू!"

माधो सपने में बड़बड़ा उठा—"मेरी खुरपी मत ले कोई!"

माधो की माँ को लोहाइन गन्ध लगीं, सिंघाय की देह में। पैरों में जहाँ-तहाँ खोंच लगे हैं। हाथ? हे राम! हाथ में इतने फफोले कैसे हुए?

सिंघाय की नींद से माती हुई लाल-लाल आँखें झिपने लगीं। मुसलमानटोले में मुर्गे ने बाँग दी। सिंघाय की नाक बोलने लगी।

दोपहर को नहाने-खाने के बाद सिंघाय मन-ही-मन हँसा। उसने माधो की माँ के हाथ से हुक्का लेते हुए कहा, "माधो की माँ! बैठो।...तुम्हारा जी गाँव में नहीं लगता है; शहर जाना चाहती हो? बोलो, यहाँ धरा ही क्या है! कहो तो सबकुछ...।"

"क्या हो गया है तुमको, कहो तो? कैसी अलच्छन-भरी बातें करते हो! शहर ही जाना था तो सिरपंचमी का सगुन किसलिए? मुझे क्या लक्का कबूतर समझ रहे हो, उड़ने के लिए छटपटाता है जी मेरा? माधो के बाबू, इस तरह मेरी ओर मत देखो अब। सच कहती हूँ, मैं सिल पर माथा कूटकर मर जाऊँगी। मुझे चार लाठी मार लो, लेकिन ऐसी बातें मत कहो!"

सिंघाय हँसा—"कालू ने तुमको ठीक पहचाना है।"

"दूसरों की बातों में पड़कर....।"

सिंघाय ने इधर-उधर देखकर हुक्का दीवार के सहारे टिका दिया। फिर माधो की माँ की गरदन पर हाथ रखकर झकझोर दिया। माधो की माँ के बाल बिखर गए।

"मेरी क्या अपनी आँखें नहीं हैं पगली, इधर सुन तो जरा...।"

सिंघाय ने अपनी स्त्री के मुखड़े को गौर से निहारा, साक्षात् लक्ष्मी! रकम सोलहो आना!

"छिः माधो के बाबू!...क्या हो गया तुमको? रोते क्यों हो?"

माधो न जाने कहाँ से तुलसी का एक बिरवा उखाड़ लाया है, खुरपी से! वह बड़े उत्साह में है। माँ ने उसे गोद में बिठा लिया। बोली, "माधो के बाबू, इधर देखो! माधो की ओर देखकर कहो, अब कभी ऐसा काम नहीं

करूँगा।...तुम्हीं सोचो, तुमने अच्छा किया है!"

सिंघाय ने पूछा, "तू फिर सुबह दूध देने गई थी पुल के पास?"

"गई थी! वहाँ कौन दूध लेता है आज! दोनों मिस्त्रियों का मुँह सूखा हुआ था।...मुझसे बूढ़े मिस्त्री ने पूछा, कालू कमार से तुम्हारे घरवाले का मेल हो गया क्या!"

"तुमने क्या कहा?"

"मैं क्या जानूँ!"

"ओ-ओ!"

माधो की माँ खिलखिलाकर हँस पड़ी। बोली, "लेकिन तुमको बता देनी ही होगी। बोलो, फिर इस रास्ते पर पाँव नहीं दोगे माधो के बाबू!" सिंघाय ने तुलसी का बिरवा हाथ में लिया। माधो को गोद में लेकर बोला, "बबुआ! तू फाल–खुरपी छोड़, सिलेट-पेंसिल धर!...हम लोग बैल होकर रहे। बैल की बुद्धि।"

माधो बोला, "आज, तुलसी देवता को रोप लेने दो पहले।"

तीसरी कसम, अर्थात् मारे गए गुलफाम

हिरामन गाड़ीवान की पीठ में गुदगुदी लगती है।...

पिछले बीस साल से गाड़ी हाँकता है हिरामन। बैलगाड़ी। सीमा के उस पार, मोरंग राज नेपाल से धान और लकड़ी ढो चुका है। कंट्रोल के जमाने में चोरबाजारी का माल इस पार से उस पार पहुँचाया है। लेकिन कभी तो ऐसी गुदगुदी नहीं लगी पीठ में!...

कंट्रोल का जमाना! हिरामन कभी भूल सकता है उस जमाने को! एक

बार चार खेप सीमेंट और कपड़े की गाँठों से भरी गाड़ी, जोगबनी से बिराटनगर पहुँचाने के बाद हिरामन का कलेजा पोख्ता हो गया था। फारबिसगंज का हर चोर-व्यापारी उसको पक्का गाड़ीवान मानता। उसके बैलों की बड़ाई बड़ी गद्दी के बड़े सेठजी खुद करते, अपनी भाषा में...।

गाड़ी पकड़ी गई पाँचवीं बार, सीमा के इस पार तराई में।

महाजन का मुनीम उसी की गाड़ी पर गाँठों के बीच चुक्की-मुक्की लगाकर छिपा हुआ था। दारोगा साहब की डेढ़ हाथ लम्बी चोरबत्ती की रोशनी कितनी तेज होती है, हिरामन जानता है। एक घंटे के लिए आदमी अंधा हो जाता है, एक छटक भी पड़ जाए आँखों पर! रोशनी के साथ कड़कती हुई आवाज–"ऐ-य! गाड़ी रोको! साले, गोली मार देंगे!..."

बीसों गाड़ियाँ एक साथ कचकचाकर रुक गईं। हिरामन ने पहले ही कहा था, "यह बीस विषावेगा!" दारोगा साहब उसकी गाड़ी में दुबके हुए मुनीमजी पर रोशनी डालकर पिशाची हँसी हँसे–"हा-हा-हा! मुँड़ीमजी ई-ई-ई! ही-ही-ही!...ऐ-य, साला गाड़ीवान, मुँह क्या देखता है रे-ए-ए! कम्बल हटाओ इस बोरे के मुँह पर से!" हाथ की छोटी लाठी से मुनीमजी के पेट में खोंचा मारते हुए कहा था, "इस बोरे को! स-स्साला!..."

बहुत पुरानी अखज-अदावत होगी दारोगा साहब और मुनीमजी में। नहीं तो उतना रुपया क़बूलने पर भी पुलिस-दारोगा का मन न डोले भला! चार हजार तो गाड़ी पर बैठा-बैठा ही दे रहा था। लाठी से दूसरी बार खोंचा मारा दारोगा ने। "पाँच हजार!" फिर खोंचा–"उतरो पहले।..."

मुनीम को गाड़ी से नीचे उतारकर दारोगा ने उसकी आँखों पर रोशनी डाल दी। फिर दो सिपाहियों के साथ सड़क से बीस-पच्चीस रस्सी दूर झाड़ी के पास ले गए। गाड़ीवान और गाड़ियों पर पाँच-पाँच बन्दूकवाले सिपाहियों का पहरा!...हिरामन समझ गया, इस बार निस्तार नहीं।...जेल? हिरामन को जेल का डर नहीं। लेकिन उसके बैल? न जाने कितने दिनों तक बिना चारा-पानी के सरकारी फाटक में पड़े रहेंगे–भूखे-प्यासे। फिर नीलाम हो जाएँगे। भैया और भौजी को वह मुँह नहीं दिखा सकेगा कभी।...नीलाम की बोली उसके कानों के पास गूँज गई–एक-दो-तीन! दारोगा और मुनीम में बात पट नहीं रही थी शायद।

हिरामन की गाड़ी के पास तैनात सिपाही ने अपनी भाषा में दूसरे सिपाही से धीमी आवाज में पूछा, "का हो? मामला गोल होखी का?" फिर खैनी-तम्बाकू देने के बहाने उस सिपाही के पास चला गया।...

एक-दो-तीन! तीन-चार गाड़ियों की आड़। हिरामन ने फैसला कर लिया। उसने धीरे-से अपने बैलों के गले की रस्सियाँ खोल लीं। गाड़ी पर बैठे-बैठे दोनों को जुड़वाँ बाँध दिया। बैल समझ गए उन्हें क्या करना है। हिरामन उतरा, जुती हुई गाड़ी में बाँस की टिकटी लगाकर बैलों के कन्धों को बेलाग किया। दोनों के कानों के पास गुदगुदी लगा दी और मन-ही-मन बोला, 'चलो भैयन, जान बचेगी तो ऐसी-ऐसी सग्गड़ गाड़ी बहुत मिलेगी।'... एक-दो-तीन! नौ-दो-ग्यारह!...

गाड़ियों की आड़ में सड़क के किनारे दूर तक घनी झाड़ी फैली हुई थी। दम साधकर तीनों प्राणियों ने झाड़ी को पार किया–बेखटक, बे-आहट! फिर एक ले, दो ले–दुलकी चाल! दोनों बैल सीना तानकर फिर तराई के घने जंगलों में घुस गए। राह सूँघते, नदी-नाला पार करते हुए भागे पूँछ उठाकर। पीछे-पीछे हिरामन। रात-भर भागते रहे थे तीनों जन।...

घर पहुँचकर दो दिन तक बेसुध पड़ा रहा हिरामन। होश में आते ही उसने कान पकड़कर कसम खाई थी–अब कभी ऐसी चीजों की लदनी नहीं लादेंगे। चोरबाजारी का माल? तोबा, तोबा!...पता नहीं मुनीमजी का क्या हुआ! भगवान जाने उसकी सग्गड़ गाड़ी का क्या हुआ! असली इस्पात लोहे की धुरी थी। दोनों पहिये तो नहीं, एक पहिया एकदम नया था। गाड़ी में रंगीन डोरियों के फुँदने बड़े जतन से गूँथे गए थे।...

दो कसमें खाई हैं उसने। एक चोरबाजारी का माल नहीं लादेंगे। दूसरी–बाँस। अपने हर भाड़ेदार से वह पहले ही पूछ लेता है–'चोरी-चमारीवाली चीज तो नहीं?' और, बाँस? बाँस लादने के लिए पचास रुपए भी दे कोई, हिरामन की गाड़ी नहीं मिलेगी। दूसरे की गाड़ी देखे।

बाँस लदी हुई गाड़ी! गाड़ी से चार हाथ आगे बाँस का अगुआ निकला रहता है और पीछे की ओर चार हाथ पिछुआ! काबू के बाहर रहती है गाड़ी हमेशा। सो बेकाबूवाली लदनी और खरैहिया। शहरवाली बात! तिस पर बाँस का अगुआ पकड़कर चलनेवाला भाड़ेदार का महाभकुआ नौकर, लड़की-स्कूल

की ओर देखने लगा। बस, मोड़ पर घोड़ागाड़ी से टक्कर हो गई। जब तक हिरामन बैलों की रस्सी खींचे, तब तक घोड़ागाड़ी की छतरी बाँस के अगुआ में फँस गई। घोड़ागाड़ीवाले ने तड़ातड़ चाबुक मारते हुए गाली दी थी!...

बाँस की लदनी ही नहीं, हिरामन ने खरैहिया शहर की लदनी भी छोड़ दी। और जब फारबिसगंज से मोरंग का भाड़ा ढोना शुरू किया तो गाड़ी ही पार!...कई वर्षों तक हिरामन ने बैलों को आधीदारी पर जोता। आधा भाड़ा गाड़ीवाले का और आधा बैलवाले का। हिस्स! गाड़ीवानी करो मुफ्त! आधीदारी की कमाई से बैलों के ही पेट नहीं भरते। पिछले साल ही उसने अपनी गाड़ी बनवाई है।

देवी मैया भला करें उस सरकस-कम्पनी के बाघ का। पिछले साल इसी मेले में बाघगाड़ी को ढोनेवाले दोनों घोड़े मर गए। चम्पानगर से फारबिसगंज मेला आने के समय सरकस-कम्पनी के मैनेजर ने गाड़ीवान-पट्टी में ऐलान करके कहा–"सौ रुपया भाड़ा मिलेगा!" एक-दो गाड़ीवान राजी हुए। लेकिन, उनके बैल बाघगाड़ी से दस हाथ दूर ही डर से डिकरने लगे–बाँ-आँ! रस्सी तुड़ाकर भागे। हिरामन ने अपने बैलों की पीठ सहलाते हुए कहा, "देखो भैयन, ऐसा मौका फिर हाथ न आएगा। यही मौका है अपनी गाड़ी बनवाने का। नहीं तो फिर आधेदारी...। अरे, पिंजड़े में बन्द बाघ का क्या डर? मोरंग की तराई में दहाड़ते हुए बाघों को देख चुके हो। फिर पीठ पर मैं तो हूँ।..."

गाड़ीवानों के दल में तालियाँ पटपटा उठी थीं एक साथ। सभी की लाज रख ली हिरामन के बैलों ने। हुमककर आगे बढ़ गए और बाघगाड़ी में जुट गए–एक-एक करके। सिर्फ दाहिने बैल ने जुतने के बाद ढेर-सा पेशाब किया। हिरामन ने दो दिन तक नाक से कपड़े की पट्टी नहीं खोली थी। बड़ी गद्दी के बड़े सेठजी की तरह नकबन्धन लगाए बिना बघाइन गन्ध बरदाश्त नहीं कर सकता कोई।

...बाघगाड़ी की गाड़ीवानी की है हिरामन ने। कभी ऐसी गुदगुदी नहीं लगी पीठ में। आज रह-रहकर उसकी गाड़ी में चम्पा का फूल महक उठता है। पीठ में गुदगुदी लगने पर वह अँगोछे से पीठ झाड़ लेता है।

हिरामन को लगता है, दो वर्ष से चम्पानगर मेले की भगवती मैया उस पर प्रसन्न हैं। पिछले साल बाघगाड़ी जुट गई। नकद एक सौ रुपए भाड़े के

अलावा बुताद, चाह-बिस्कुट और रास्ते-भर बन्दर-भालू और जोकर का तमाशा देखा सो फोकट में!

और, इस बार यह जनानी सवारी। औरत है या चम्पा का फूल! जब से गाड़ी मह-मह महक रही है।

कच्ची सड़क के एक छोटे-से खड्ड में गाड़ी का दाहिना पहिया बेमौके हिचकोला खा गया। हिरामन की गाड़ी से एक हल्की 'सिस' की आवाज आई। हिरामन ने दाहिने बैल को दुआली से पीटते हुए कहा, "साला! क्या समझता है, बोरे की लदनी है क्या?"

"अहा! मारो मत!"

अनदेखी औरत की आवाज ने हिरामन को अचरज में डाल दिया। बच्चों की बोली जैसी महीन, फेनूगिलासी बोली!

मथुरामोहन नौटंकी कम्पनी में लैला बननेवाली हीराबाई का नाम किसने नहीं सुना होगा भला! लेकिन हिरामन की बात निराली है। उसने सात साल तक लगातार मेलों की लदनी लादी है, कभी नौटंकी-थियेटर या बायस्कोप सिनेमा नहीं देखा। लैला या हीराबाई का नाम भी उसने नहीं सुना कभी। देखने की क्या बात! सो मेला टूटने के पन्द्रह दिन पहले आधी रात की बेला में काली ओढ़नी में लिपटी औरत को देखकर उसके मन में खटका अवश्य लगा था। बक्सा ढोनेवाले नौकर ने गाड़ी-भाड़ा में मोल-मोलाई करने की कोशिश की तो ओढ़नीवाली ने सिर हिलाकर मना कर दिया। हिरामन ने गाड़ी जोतते हुए नौकर से पूछा, "क्यों भैया, कोई चोरी-चमारी का माल-वाल तो नहीं?" हिरामन को फिर अचरज हुआ। बक्सा ढोनेवाले आदमी ने हाथ के इशारे से गाड़ी हाँकने को कहा और अँधेरे में गायब हो गया। हिरामन को मेले में तम्बाकू बेचनेवाली बूढ़ी की काली साड़ी की याद आई थी।...

ऐसे में कोई क्या गाड़ी हाँके!

एक तो पीठ में गुदगुदी लग रही है। दूसरे रह-रहकर चम्पा का फूल खिल जाता है उसकी गाड़ी में। बैलों को डाटो तो 'इस-बिस' करने लगती है उसकी सवारी।...उसकी सवारी! औरत अकेली, तम्बाकू बेचनेवाली बूढ़ी

नहीं! आवाज सुनने के बाद वह बार-बार मुड़कर टप्पर में एक नजर डाल देता है; अँगोछे से पीठ झाड़ता है।...भगवान जाने क्या लिखा है इस बार उसकी किस्मत में! गाड़ी जब पूरब की ओर मुड़ी, एक टुकड़ा चाँदनी उसकी गाड़ी में समा गई। सवारी की नाक पर एक जुगनू जगमगा उठा। हिरामन को सबकुछ रहस्यमय–अजगुत-अजगुत–लग रहा है। सामने चम्पानगर से सिंधिया गाँव तक फैला हुआ मैदान!...कहीं डाकिन-पिशाचिन तो नहीं?

हिरामन की सवारी ने करवट ली। चाँदनी पूरे मुखड़े पर पड़ी तो हिरामन चीखते-चीखते रुक गया–अरे बाप! ई तो परी है!

परी की आँखें खुल गईं। हिरामन ने सामने सड़क की ओर मुँह कर लिया और बैलों को टिटकारी दी। वह जीभ को तालू से सटाकर टि-टि-टि-टि आवाज निकालता है। हिरामन की जीभ न जाने कब से सूखकर लकड़ी-जैसी हो गई थी!

"भैया, तुम्हारा नाम क्या है?"

हू-ब-हू फेनूगिलास!...हिरामन के रोम-रोम बज उठे। मुँह से बोली नहीं निकली। उसके दोनों बैल भी कान खड़े करके इस बोली को परखते हैं।

"मेरा नाम!...नाम मेरा है हिरामन!"

उसकी सवारी मुस्कराती है।...मुस्कराहट में खुशबू है।

"तब तो मीता कहूँगी, भैया नहीं।–मेरा नाम भी हीरा है।"

"इस्स!" हिरामन को परतीत नहीं, "मर्द और औरत के नाम में फर्क होता है।"

"हाँ जी, मेरा नाम भी हीराबाई है।"

कहाँ हिरामन और कहाँ हीराबाई, बहुत फर्क है!

हिरामन ने अपने बैलों को झिड़की दी–"कान चुनियाकर गप सुनने से ही तीस कोस मंजिल कटेगी क्या? इस बाएँ नाटे के पेट में शैतानी भरी है।" हिरामन ने बाएँ बैल को दुआली की हल्की झड़प दी।

"मारो मत; धीरे-धीरे चलने दो। जल्दी क्या है!"

हिरामन के सामने सवाल उपस्थित हुआ, वह क्या कहकर 'गप' करे हीराबाई से? 'तोहें' कहे या 'अहाँ'? उसकी भाषा में बड़ों को 'अहाँ' अर्थात् 'आप' कहकर सम्बोधित किया जाता है, कचराही बोली में दो-चार सवाल-

जवाब चल सकता है, दिल-खोल गप तो गाँव की बोली में ही की जा सकती है किसी से।

आसिन-कातिक के भोर में छा जानेवाले कुहासे से हिरामन को पुरानी चिढ़ है। बहुत बार वह सड़क भूलकर भटक चुका है। किन्तु आज के भोर के इस घने कुहासे में भी वह मगन है। नदी के किनारे धन-खेतों से फूले हुए धान के पौधों की पवनिया गन्ध आती है। पर्वपावन के दिन गाँव में ऐसी ही सुगन्ध फैली रहती है। उसकी गाड़ी में फिर चम्पा का फूल खिला। उस फूल में एक परी बैठी है।...जै भगवती!

हिरामन ने आँख की कनखियों से देखा, उसकी सवारी...मीता... हीराबाई की आँखें गुजुर-गुजुर उसको हेर रही हैं। हिरामन के मन में कोई अजानी रागिनी बज उठी। सारी देह सिरसिरा रही है। वह बोला, "बैल को मारते हैं तो आपको बहुत बुरा लगता है?"

हीराबाई ने परख लिया, हिरामन सचमुच हीरा है।

चालीस साल का हट्टा-कट्टा, काला-कलूटा, देहाती नौजवान अपनी गाड़ी और अपने बैलों के सिवाय दुनिया की किसी और बात में विशेष दिलचस्पी नहीं लेता। घर में बड़ा भाई है, खेती करता है। बाल-बच्चेवाला आदमी है। हिरामन भाई से बढ़कर भाभी की इज्जत करता है। भाभी से डरता भी है। हिरामन की भी शादी हुई थी, बचपन में ही गौने के पहले ही दुलहिन मर गई। हिरामन को अपनी दुलहिन का चेहरा याद नहीं।...दूसरी शादी? दूसरी शादी न करने के अनेक कारण हैं। भाभी की जिद्द, कुमारी लड़की से ही हिरामन की शादी करवाएगी। कुमारी का मतलब हुआ पाँच-सात साल की लड़की। कौन मानता है सरधा-कानून? कोई लड़कीवाला दोब्याहू को अपनी लड़की गरज में पड़ने पर ही दे सकता है। भाभी उसकी तीन-सत्त करके बैठी है, सो बैठी है। भाभी के आगे भैया की भी नहीं चलती!...अब हिरामन ने तय कर लिया है, शादी नहीं करेगा। कौन बलाय मोल लेने जाए! ब्याह करके फिर गाड़ीवानी क्या करेगा कोई! और सबकुछ छूट जाए, गाड़ीवानी नहीं छोड़ सकता हिरामन।

हीराबाई ने हिरामन के जैसा निश्छल आदमी बहुत कम देखा है। पूछा, "आपका घर कौन जिल्ला में पड़ता है?" कानपुर नाम सुनते ही जो उसकी हँसी छूटी, तो बैल भड़क उठे। हिरामन हँसते समय सिर नीचा कर लेता है। हँसी बन्द होने पर उसने कहा, "वाह रे कानपुर! तब तो नाकपुर भी होगा?" और जब हीराबाई ने कहा कि नाकपुर भी है, तो वह हँसते-हँसते दुहरा हो गया।

"वाह रे दुनिया! क्या-क्या नाम होता है! कानपुर, नाकपुर!" हिरामन ने हीराबाई के कान के फूल को गौर से देखा। नाक की नकछवि के नग देखकर सिहर उठा—लहू की बूँद!

हिरामन ने हीराबाई का नाम नहीं सुना कभी। नौटंकी कम्पनी की औरत को वह बाईजी नहीं समझता है।...कम्पनी में काम करनेवाली औरतों को वह देख चुका है। सरकस कम्पनी की मालकिन, अपनी दोनों जवान बेटियों के साथ बाघगाड़ी के पास आती थी, बाघ को चारा-पानी देती थी, प्यार भी करती थी खूब। हिरामन के बैलों को भी डबलरोटी-बिस्कुट खिलाया था बड़ी बेटी ने।

हिरामन होशियार है। कुहासा छँटते ही अपनी चादर से टप्पर में परदा कर दिया—"बस दो घंटा! उसके बाद रास्ता चलना मुश्किल है। कातिक की सुबह की धूप आप बर्दाश्त न कर सकिएगा। कजरी नदी के किनारे तेगछिया के पास गाड़ी लगा देंगे। दोपहरिया काटकर...।"

सामने से आती हुई गाड़ी को दूर से ही देखकर वह सतर्क हो गया। लीक और बैलों पर ध्यान लगाकर बैठ गया। राह काटते हुए गाड़ीवान ने पूछा, "मेला टूट रहा है क्या भाई?"

हिरामन ने जवाब दिया, वह मेले की बात नहीं जानता। उसकी गाड़ी पर 'विदागी' (नैहर या ससुराल जाती हुई लड़की) है। न जाने किस गाँव का नाम बता दिया हिरामन ने!

"छत्तापुर-पचीरा कहाँ है?"

"कहीं हो, यह लेकर आप क्या करिएगा?" हिरामन अपनी चतुराई पर हँसा। परदा डाल देने पर भी पीठ में गुदगुदी लगती है।

हिरामन परदे के छेद से देखता है। हीराबाई एक दियासलाई की डिब्बी

के बराबर आईने में अपने दाँत देख रही है।...मदनपुर मेले में एक बार बैलों को नन्हीं-चित्ती कौड़ियों की माला खरीद दी थी हिरामन ने, छोटी-छोटी, नन्हीं-नन्हीं कौड़ियों की पाँत।

तेगछिया के तीनों पेड़ दूर से ही दिखलाई पड़ते हैं। हिरामन ने परदे को जरा सरकाते हुए कहा, "देखिए, यही है तेगछिया। दो पेड़ जटामासी बड़ हैं और एक...उस फूल का क्या नाम है, आपके कुरते पर जैसा फूल छपा हुआ है, वैसा ही; खूब महकता है; दो कोस दूर तक गन्ध जाती है; उस फूल को खमीरा तम्बाकू में डालकर पीते भी हैं लोग।"

"और उस अमराई की आड़ से कई मकान दिखाई पड़ते हैं, वहाँ कोई गाँव है या मन्दिर?"

हिरामन ने बीड़ी सुलगाने के पहले पूछा, "बीड़ी पीएँ? आपको गन्ध तो नहीं लगेगी?...वही है नामलगर ड्योढ़ी। जिस राजा के मेले से हम लोग आ रहे हैं, उसी का दियाद-गोतिया है।...जा रे जमाना!"

हिरामन ने 'जा रे जमाना' कहकर बात को चाशनी में डाल दिया। हीराबाई ने टप्पर के परदे को तिरछे खोंस दिया।...हीराबाई की दन्तपंक्ति।

"कौन जमाना?" ठुड्डी पर हाथ रखकर साग्रह बोली।

"नामलगर ड्योढ़ी का जमाना! क्या था और क्या-से-क्या हो गया!"

हिरामन गप रसाने का भेद जानता है। हीराबाई बोली, "तुमने देखा था वह जमाना?"

"देखा नहीं, सुना है।...राज कैसे गया, बड़ी हैफवाली कहानी है। सुनते हैं, घर में देवता ने जन्म ले लिया। कहिए भला, देवता आखिर देवता है। है या नहीं? इन्द्रासन छोड़कर मिरतूभुवन में जन्म ले ले तो उसका तेज कैसे सम्हाल सकता है कोई! सूरजमुखी फूल की तरह माथे के पास तेज खिला रहता। लेकिन नजर का फेर, किसी ने नहीं पहचाना। एक बार उपलैन में लाट साहब मय लाटनी के, हवागाड़ी से आए थे। लाट ने भी नहीं, पहचाना आखिर लाटनी ने। सूरजमुखी तेज देखते ही बोल उठी—ए मैन राजा साहब, सुनो, यह आदमी का बच्चा नहीं है, देवता है।"

हिरामन ने लाटनी की बोली की नकल उतारते समय खूब डेम-फैट-लैट किया। हीराबाई दिल खोलकर हँसी।...हँसते समय उसकी सारी देह

दुलकती है।

हीराबाई ने अपनी ओढ़नी ठीक कर ली। तब हिरामन को लगा कि... लगा कि...

"तब? उसके बाद क्या हुआ मीता?"

"इस्स! कथा सुनने का बड़ा शौक है आपको?...लेकिन, काला आदमी, राजा क्या महाराजा भी हो जाए, रहेगा काला आदमी ही। साहेब के जैसा अक्किल कहाँ से पाएगा! हँसकर बात उड़ा दी सभी ने। तब रानी को बार-बार सपना देने लगा देवता! सेवा नहीं कर सकते तो जाने दो, नहीं रहेंगे तुम्हारे यहाँ। इसके बाद देवता का खेल शुरू हुआ। सबसे पहले दोनों दन्तार हाथी मरे, फिर घोड़ा, फिर पटपटाँग...।"

"पटपटाँग क्या है?"

हिरामन का मन पल-पल में बदल रहा है। मन में सतरंगा छाता धीरे-धीरे खिल रहा है, उसको लगता है।...उसकी गाड़ी पर देवकुल की औरत सवार है। देवता आखिर देवता है!

"पटपटाँग! धन-दौलत, माल-मवेशी सब साफ! देवता इन्द्रासन चला गया।"

हीराबाई ने ओझल होते हुए मन्दिर के कँगूरे की ओर देखकर लम्बी साँस ली।

"लेकिन देवता ने जाते-जाते कहा, इस राज में कभी एक छोड़कर दो बेटा नहीं होगा। धन हम अपने साथ ले जा रहे हैं, गुन छोड़ जाते हैं। देवता के साथ सभी देव-देवी चले गए, सिर्फ सरोसती मैया रह गई। उसका मन्दिर है।"

देसी घोड़े पर पाट के बोझ लादे हुए बनियों को आते देखकर हिरामन ने टप्पर के परदे को गिरा दिया। बैलों को ललकारकर बिदेशिया नाच का बन्दना गीत गाने लगा–

"जै मैया सरोसती, अरजी करत बानी;
हमरा पर होखू सहाई हे मैया, हमरा पर होखू सहाई!"

घोड़लद्दे बनियों से हिरामन ने हुलसकर पूछा, "क्या भाव पटुआ खरीदते हैं महाजन?"

लँगड़े घोड़ेवाले बनिये ने बटगमनी जवाब दिया–"नीचे सताइस-अठाइस, ऊपर तीस। जैसा माल, वैसा भाव।"

जवान बनिये ने पूछा, "मेला का क्या हाल-चाल है, भाई? कौन नौटंकी कम्पनी का खेल हो रहा है, रौता कम्पनी या मथुरामोहन?"

"मेले का हाल मेलावाला जाने!" हिरामन ने फिर छत्तापुर-पचीरा का नाम लिया।

सूरज दो बाँस ऊपर आ गया था। हिरामन अपने बैलों से बात करने लगा–"एक कोस जमीन! जरा दम बाँधकर चलो। प्यास की बेला हो गई न! याद है, उस बार तेगछिया के पास सरकस कम्पनी के जोकड़ और बन्दर नचानेवाले साहब में झगड़ा हो गया था। जोकड़वा ठीक बन्दर की तरह दाँत किटकिटाकर किकियाने लगा था...न जाने किस-किस देश-मुलुक के आदमी आते हैं?"

हिरामन ने फिर परदे के छेद से देखा, हीराबाई एक कागज के टुकड़े पर आँख गड़ाकर बैठी है। हिरामन का मन आज हल्के सुर में बँधा है। उसको तरह-तरह की गीतों की याद आती है। बीस-पच्चीस साल पहले, बिदेशिया, बलवाही, छोकरा-नाचवाले एक-से-एक गजल-खेमटा गाते थे। अब तो, भोंपा में भोंपू-भोंपू करके कौन गीत गाते हैं लोग! जा रे जमाना! छोकरा-नाच के गीत की याद आई हिरामन को–

"सजनवा बैरी हो ग'य हमारो! सजनवा...!
अरे, चिठिया हो तो सब कोई बाँचे; चिठिया हो तो...
हाय! करमवा, होय करमवा...
कोई न बाँचे हमारो, सजनवा...हो करमवा...!"

गाड़ी की बल्ली पर उँगलियों से ताल देकर गीत को काट दिया हिरामन ने। छोकरा-नाच के मनुवाँ नटुवा का मुँह हीराबाई-जैसा ही था।... कहाँ चला गया वह जमाना? हर महीने गाँव में नाचवाले आते थे। हिरामन ने छोकरा-नाच के चलते अपनी भाभी की न जाने कितनी बोली-ठोली सुनी थी। भाई ने घर से निकल जाने को कहा था।

आज हिरामन पर माँ सरस्वती सहाय हैं, लगता है। हीराबाई बोली, "वाह, कितना बढ़िया गाते हो तुम!"

हिरामन का मुँह लाल हो गया। वह सिर नीचा करके हँसने लगा।

आज तेगछिया पर रहनेवाले महावीर स्वामी भी सहाय हैं हिरामन पर। तेगछिया के नीचे एक भी गाड़ी नहीं। हमेशा गाड़ी और गाड़ीवानों की भीड़ लगी रहती है यहाँ। सिर्फ एक साइकिलवाला बैठकर सुस्ता रहा है। महावीर स्वामी को सुमरकर हिरामन ने गाड़ी रोकी। हीराबाई परदा हटाने लगी। हिरामन ने पहली बार आँखों से बात की हीराबाई से—साइकिलवाला इधर ही टकटकी लगाकर देख रहा है।

बैलों के खोलने के पहले बाँस की टिकटी लगाकर गाड़ी को टिका दिया। फिर साइकिलवाले की ओर बार-बार घूरते हुए पूछा, "कहाँ जाना है? मेला? कहाँ से आना हो रहा है? बिसनपुर से? बस, इतनी ही दूर में थसथसाकर थक गए?...जा रे जवानी!"

साइकिलवाला दुबला-पतला नौजवान मिनमिनाकर कुछ बोला और बीड़ी सुलगाकर उठ खड़ा हुआ।

हिरामन दुनिया-भर की निगाह से बचाकर रखना चाहता है हीराबाई को। उसने चारों ओर नजर दौड़ाकर देख लिया—कहीं कोई गाड़ी या घोड़ा नहीं।

कजरी नदी की दुबली-पतली धारा तेगछिया के पास आकर पूरब की ओर मुड़ गई है। हीराबाई पानी में बैठी हुई भैंसों और उनकी पीठ पर बैठे हुए बगुलों को देखती रही।

हिरामन बोला, "जाइए, घाट पर मुँह-हाथ धो आइए!"

हीराबाई गाड़ी से नीचे उतरी। हिरामन का कलेजा धड़क उठा।...नहीं, नहीं! पाँव सीधे हैं, टेढ़े नहीं। लेकिन, तलुवा इतना लाल क्यों है? हीराबाई घाट की ओर चली गई, गाँव की बहू-बेटी की तरह सिर नीचा करके धीरे-धीरे। कौन कहेगा कि कम्पनी की औरत है!...औरत नहीं, लड़की। शायद कुमारी ही है।

हिरामन टिकटी पर टिकी गाड़ी पर बैठ गया। उसने टप्पर में झाँककर देखा। एक बार इधर-उधर देखकर हीराबाई के तकिये पर हाथ रख दिया। फिर तकिये पर केहुनी डालकर झुक गया, झुकता गया। खुशबू उसकी देह में समा गई। तकिये के गिलाफ पर कढ़े फूलों को उँगलियों से छूकर उसने

सूँघा, हाय रे हाय! इतनी सुगन्ध! हिरामन को लगा, एक साथ पाँच चिलम गाँजा फूँककर वह उठा है। हीराबाई के छोटे आईने में उसने अपना मुँह देखा। आँखें उसकी इतनी लाल क्यों हैं?

हीराबाई लौटकर आई तो उसने हँसकर कहा, "अब आप गाड़ी का पहरा दीजिए, मैं आता हूँ तुरत।"

हिरामन ने अपनी सफरी झोली से सहेजी हुई गंजी निकाली। गमछा झाड़कर कन्धे पर लिया और हाथ में बालटी लटकाकर चला। उसके बैलों ने बारी-बारी से 'हुँक-हुँक' करके कुछ कहा। हिरामन ने जाते-जाते उलटकर कहा, "हाँ, हाँ, प्यास सभी को लगी है। लौटकर आता हूँ तो घास दूँगा, बदमाशी मत करो!"

बैलों ने कान हिलाए।

नहा-धोकर कब लौटा हिरामन, हीराबाई को नहीं मालूम। कजरी की धारा को देखते-देखते उसकी आँखों में रात की उचटी हुई नींद लौट आई थी। हिरामन पास के गाँव से जलपान के लिए दही-चूड़ा-चीनी ले आया है।

"उठिए, नींद तोड़िए! दो मुट्ठी जलपान कर लीजिए!"

हीराबाई आँख खोलकर अचरज में पड़ गई। एक हाथ में मिट्टी के नए बरतन में दही, केले के पत्ते। दूसरे हाथ में बालटी-भर पानी। आँखों में आत्मीयतापूर्ण अनुरोध!

"इतनी चीजें कहाँ से ले आए?"

"इस गाँव का दही नामी है।...चाह तो फारबिसगंज जाकर ही पाइएगा।"

हिरामन की देह की गुदगुदी मिट गई। हीराबाई ने कहा, "तुम भी पत्तल बिछाओ।...क्यों? तुम नहीं खाओगे तो समेटकर रख लो अपनी झोली में। मैं भी नहीं खाऊँगी।"

"इस्स!" हिरामन लजाकर बोला, "अच्छी बात! आप खा लीजिए पहले।"

"पहले-पीछे क्या? तुम भी बैठो।"

हिरामन का जी जुड़ा गया। हीराबाई ने अपने हाथ से उसका पत्तल बिछा दिया, पानी छींट दिया, चूड़ा निकालकर दिया। इस्स! धन्न है, धन्न

है! हिरामन ने देखा, भगवती मैया भोग लगा रही है। लाल होंठों पर गोरस का परस!...पहाड़ी तोते को दूध-भात खाते देखा है?

दिन ढल गया।

टप्पर में सोई हीराबाई और जमीन पर दरी बिछाकर सोए हिरामन की नींद एक ही साथ खुली।...मेले की ओर जानेवाली गाड़ियाँ तेगछिया के पास रुकी हैं। बच्चे कचर-पचर कर रहे हैं।

हिरामन हड़बड़ाकर उठा। टप्पर के अन्दर झाँककर इशारे से कहा–दिन ढल गया! गाड़ी में बैलों को जोतते समय उसने गाड़ीवानों के सवालों का कोई जवाब नहीं दिया। गाड़ी हाँकते हुए बोला, "सिरपुर बाजार के इसपिताल की डागडरनी हैं। रोगी देखने जा रही हैं। पास ही कुड़मागाम।"

हीराबाई छत्तापुर-पचीरा का नाम भूल गई। गाड़ी जब कुछ दूर आगे बढ़ आई तो उसने हँसकर पूछा, "पत्तापुर-छपीरा?"

हँसते-हँसते पेट में बल पड़ गए हिरामन के–"पत्तापुर-छपीरा! हा हा! वे लोग छत्तापुर-पचीरा के ही गाड़ीवान थे, उनसे कैसे कहता! ही-ही!"

हीराबाई मुस्कराती हुई गाँव की ओर देखने लगी।

सड़क तेगछिया गाँव के बीच से निकलती है। गाँव के बच्चों ने परदेवाली गाड़ी देखी और तालियाँ बजा-बजाकर रटी हुई पंक्तियाँ दुहराने लगे–

"लाली-लाली डोलिया में
लाली रे दुलहिनिया
पान खाए...!"

हिरामन हँसा।...दुलहिनिया...लाली-लाली डोलिया! दुलहिनिया पान खाती है, दुलहा की पगड़ी में मुँह पोंछती है। ओ दुलहिनिया, तेगछिया गाँव के बच्चों को याद रखना। लौटती बेर गुड़ का लड्डू लेती आइयो। लाख बरिस तेरा दुलहा जीए!...कितने दिनों का हौसला पूरा हुआ है हिरामन का! ऐसे कितने सपने देखे हैं उसने! वह अपनी दुलहिन को लेकर लौट रहा है। हर गाँव के बच्चे तालियाँ बजाकर गा रहे हैं। हर आँगन से झाँककर देख

रही हैं औरतें। मर्द लोग पूछते हैं, 'कहाँ की गाड़ी है, कहाँ जाएगी?' उसकी दुलहिन डोली का परदा थोड़ा सरकाकर देखती है। और भी कितने सपने...

गाँव से बाहर निकलकर उसने कनखियों से टप्पर के अन्दर देखा, हीराबाई कुछ सोच रही है। हिरामन भी किसी सोच में पड़ गया। थोड़ी देर के बाद वह गुनगुनाने लगा–

"सजन रे झूठ मति बोलो, खुदा के पास जाना है।
नहीं हाथी, नहीं घोड़ा, नहीं गाड़ी–
वहाँ पैदल ही जाना है। सजन रे...।"

हीराबाई ने पूछा, "क्यों मीता? तुम्हारी अपनी बोली में कोई गीत नहीं क्या?"

हिरामन अब बेखटक हीराबाई की आँखों में आँखें डालकर बात करता है। कम्पनी की औरत भी ऐसी होती हैं? सरकस कम्पनी की मालकिन मेम थी। लेकिन हीराबाई? गाँव की बोली में गीत सुनना चाहती है। वह खुलकर मुस्कराया–"गाँव की बोली आप समझिएगा?"

"हूँ ऊँ-ऊँ!" हीराबाई ने गर्दन हिलाई। कान के झुमके हिल गए।

हिरामन कुछ देर तक बैलों को हाँकता रहा चुपचाप। फिर बोला, "गीत जरूर ही सुनिएगा? नहीं मानिएगा?...इस्स! इतना शौक गाँव का गीत सुनने का है आपको! तब लीक छोड़नी होगी। चालू रास्ते में कैसे गीत गा सकता है कोई!" हिरामन ने बाएँ बैल की रस्सी खींचकर दाहिने को लीक से बाहर किया और बोला, 'हरिपुर होकर नहीं जाएँगे तब।'

चालू लीक को काटते देखकर हिरामन की गाड़ी के पीछेवाले गाड़ीवान ने चिल्लाकर पूछा, "काहे हो गाड़ीवान, लीक छोड़कर बेलीक कहाँ उधर?"

हिरामन ने हवा में दुआली घुमाते हुए जवाब दिया–"कहाँ है बेलीक? वह सड़क ननपुर तो नहीं जाएगी।" फिर अपने-आप बड़बड़ाया, "इस मुलुक के लोगों की यही आदत बुरी है। राह चलते एक सौ जिरह करेंगे। अरे भाई, तुमको जाना है, जाओ।...देहाती भुच्च सब!"

ननपुर की सड़क पर गाड़ी लाकर हिरामन ने बैलों की रस्सी ढीली कर दी। बैलों ने दुलकी चाल छोड़कर कदमचाल पकड़ी।

हीराबाई ने देखा, सचमुच ननपुर की सड़क बड़ी सूनी है। हिरामन उसकी आँखों की बोली समझता है–"घबड़ाने की बात नहीं। यह सड़क भी फारबिसगंज जाएगी, राह-घाट के लोग बहुत अच्छे हैं।...एक घड़ी रात तक हम लोग पहुँच जाएँगे।"

हीराबाई को फारबिसगंज पहुँचने की जल्दी नहीं। हिरामन पर उसको इतना भरोसा हो गया है कि डर-भय की कोई बात ही नहीं उठती है मन में। हिरामन ने पहले जी-भर मुस्करा लिया। कौन गीत गाए वह! हीराबाई को गीत और कथा दोनों का शौक है...इस्स! महुआ घटवारिन? वह बोला, "अच्छा, जब आपको इतना शौक है तो सुनिए महुआ घटवारिन का गीत। इसमें गीत भी है, कथ्था भी है।"

...कितने दिनों के बाद भगवती ने यह हौसला भी पूरा कर दिया। जै भगवती! आज हिरामन अपने मन को खलास कर लेगा। वह हीराबाई की थमी हुई मुस्कराहट को देखता रहा।

"सुनिए! आज भी परमार नदी में महुआ घटवारिन के कई पुराने घाट हैं। इसी मुलुक की थी महुआ! थी तो घटवारिन, लेकिन सौ सतवन्ती में एक थी। उसका बाप दारू-ताड़ी पीकर दिन-रात बेहोश पड़ा रहता। उसकी सौतेली माँ साक्षात् राकसनी! बहुत बड़ी नजर-चालक। रात में गाँजा-दारू-अफीम चुराकर बेचनेवाले से लेकर तरह-तरह के लोगों से उसकी जान-पहचान थी। सबसे घुट्टी-भर हेल-मेल। महुआ कुमारी थी। लेकिन काम कराते-कराते उसकी हड्डी निकाल दी थी राकसनी ने। जवान हो गई, कहीं शादी-ब्याह की बात भी नहीं चलाई। एक रात की बात सुनिए!"

हिरामन ने धीरे-धीरे गुनगुनाकर गला साफ किया–

"हे अ-अ-अ सावना-भादवा के-र-उमड़ल नदिया-गे मै-यो-ओ-ओ,
मैयो गे रैनि भयावनि-हे-ए-ए-ए;
तड़का-तड़के धड़के करेज-आ-आ मोरा,
कि हमहुँ जे बार-नान्ही रे-ए-ए... ।"

ओ माँ! सावन-भादों की उमड़ी हुई नदी, भयावनी रात, बिजली कड़कती है, मैं बारी-क्वारी नन्ही-बच्ची, मेरा कलेजा धड़कता है। अकेली कैसे जाऊँ घाट पर? सो भी एक परदेशी राही-बटोही के पैर में तेल लगाने

के लिए! सत-माँ ने अपनी बज्जर-किवाड़ी बन्द कर ली। आसमान में मेघ हड़बड़ा उठे और हरहराकर बरसा होने लगी। महुआ रोने लगी, अपनी माँ को याद करके। आज उसकी माँ रहती तो ऐसे दुरदिन में कलेजे से सटाकर रखती अपनी महुआ बेटी को। गे मइया, इसी दिन के लिए, यही दिखाने के लिए तुमने कोख में रखा था? महुआ अपनी माँ पर गुस्साई–क्यों वह अकेली मर गई, जी-भर कोसती हुई बोली।

हिरामन ने लक्ष्य किया, हीराबाई तकिये पर केहुनी गड़ाकर, गीत में मगन एकटक उसकी ओर देख रही है।...खोई हुई सूरत कैसी भोली लगती है!

हिरामन ने गले में कँपकँपी पैदा की–

"हूँ-ऊँ-ऊँ-रे डाइनियाँ मैयो मोरी-ई-ई,
नोनवा चटाई काहे नाहिं मारलि सौरी-घर-अ-अ।
एहि दिनवाँ खातिर छिनरो धिया
तेंहु पोसलि कि नेनू-दूध उटगन... ।"

हिरामन ने दम लेते हुए पूछा, "भाखा भी समझती हैं कुछ या खाली गीत ही सुनती हैं?"

हीरा बोली, "समझती हूँ। उगटन माने उबटन–जो देह में लगाते हैं।"

हिरामन ने विस्मित होकर कहा, "इस्स!"...सो रोने-धोने से क्या होय! सौदागर ने पूरा दाम चुका दिया था महुआ का। बाल पकड़कर घसीटता हुआ नाव पर चढ़ा और माँझी को हुकुम दिया, नाव खोलो, पाल बाँधो! पालवाली नाव परवाली चिड़िया की तरह उड़ चली। रात-भर महुआ रोती-छटपटाती रही। सौदागर के नौकरों ने बहुत डराया-धमकाया–'चुप रहो, नहीं तो उठाकर पानी में फेंक देंगे।' बस, महुआ को बात सूझ गई। भोर का तारा मेघ की आड़ से जरा बाहर आया, फिर छिप गया। इधर महुआ भी छपाक् से कूद पड़ी पानी में।...सौदागर का एक नौकर महुआ को देखते ही मोहित हो गया था। महुआ की पीठ पर वह भी कूदा। उलटी धारा में तैरना खेल नहीं, सो भी भरी भादों की नदी में। महुआ असल घटवारिन की बेटी थी। मछली भी भला थकती है पानी में! सफरी मछली-जैसी फरफराती, पानी चीरती भागी

चली जा रही है। और उसके पीछे सौदागर का नौकर पुकार-पुकारकर कहता है–'महुआ जरा थमो, तुमको पकड़ने नहीं आ रहा, तुम्हारा साथी हूँ। जिन्दगी-भर साथ रहेंगे हम लोग।' लेकिन...।

हिरामन का बहुत प्रिय गीत है यह। महुआ घटवारिन गाते समय उसके सामने सावन-भादों की नदी उमड़ने लगती है; अमावस्या की रात और घने बादलों में रह-रहकर बिजली चमक उठती है। उसी चमक में लहरों से लड़ती हुई बारी-कुमारी महुआ की झलक उसे मिल जाती है। सफरी मछली की चाल और तेज हो जाती है। उसको लगता है, वह खुद सौदागर का नौकर है। महुआ कोई बात नहीं सुनती। परतीत करती नहीं। उलटकर देखती भी नहीं। और वह थक गया है, तैरते-तैरते।...

इस बार लगता है महुआ ने अपने को पकड़ा दिया। खुद ही पकड़ में आ गई है। उसने महुआ को छू लिया है, पा लिया है, उसकी थकन दूर हो गई है। पन्द्रह-बीस साल तक उमड़ी हुई नदी की उलटी धारा में तैरते हुए उसके मन को किनारा मिल गया है। आनन्द के आँसू कोई रोक नहीं मानते।...

उसने हीराबाई से अपनी गीली आँखें चुराने की कोशिश की। किन्तु हीरा तो उसके मन में बैठी न जाने कब से सबकुछ देख रही थी। हिरामन ने अपनी काँपती हुई बोली को काबू में लाकर बैलों को झिड़की दी–"इस गीत में न जाने क्या है कि सुनते ही दोनों थसथसा जाते हैं। लगता है सौ मन बोझ लाद दिया किसी ने।"

हीराबाई लम्बी साँस लेती है। हिरामन के अंग-अंग में उमंग समा जाती है।

"तुम तो उस्ताद हो मीता!"

"इस्स!"

आसिन-कातिक का सूरज दो बाँस दिन रहते ही कुम्हला जाता है। सूरज डूबने से पहले ही ननपुर पहुँचना है, हिरामन अपने बैलों को समझा रहा है–"कदम खोलकर और कलेजा बाँधकर चलो...ए...छिः-छिः! बढ़के भैयन! ले-ले-ले-ए हे-य!"

ननपुर तक वह अपने बैलों को ललकारता रहा। हर ललकार के

पहले वह अपने बैलों को बीती हुई बातों की याद दिलाता—याद नहीं, चौधरी की बेटी की बरात में कितनी गाड़ियाँ थीं; सबको कैसे मात किया था! हाँ, वही कदम निकालो। ले-ले-ले! ननपुर से फारबिसगंज तीन कोस! दो घंटे और!

ननपुर के हाट पर आजकल चाय भी बिकने लगी है। हिरामन अपने लोटे में चाय भरकर ले आया।...कम्पनी की औरत को जानता है वह, सारा दिन, घड़ी-घड़ी-भर में, चाय पीती रहती है। चाय है या जान!

हीरा हँसते-हँसते लोट-पोट हो रही है—"अरे, तुमसे किसने कह दिया कि क्वारे आदमी को चाय नहीं पीनी चाहिए?"

हिरामन लजा गया। क्या बोले वह?...लाज की बात। लेकिन वह भोग चुका है एक बार। सरकस कम्पनी की मेम के हाथ की चाय पीकर उसने देख लिया है। बड़ी गरम तासीर!

"पीजिए गुरुजी!" हीरा हँसी।

"इस्स!"

ननपुर हाट पर ही दीया-बाती जल चुकी थी। हिरामन ने अपना सफरी लालटेन जलाकर पिछवा में लटका दिया।...आजकल शहर से पाँच कोस दूर के गाँववाले भी अपने को शहरू समझने लगे हैं। बिना रोशनी की गाड़ी को पकड़कर चालान कर देते हैं। बारह बखेड़ा!

"आप मुझे गुरुजी मत कहिए।"

"तुम मेरे उस्ताद हो। हमारे शास्तर में लिखा हुआ है, एक अच्छर सिखानेवाला भी गुरु और एक राग सिखानेवाला भी उस्ताद!"

"इस्स! शास्तर-पुरान भी जानती हैं!...मैंने क्या सिखाया? मैं क्या...?"

हीरा हँसकर गुनगुनाने लगी—"हे-अ-अ-अ-सावना-भादवा के-र...!"

हिरामन अचरज के मारे गूँगा हो गया।...इस्स! इतना तेज जेहन! हू-ब-हू महुआ घटवारिन!

गाड़ी सीताधार की एक सूखी धारा की उतराई पर गड़गड़ाकर नीचे की ओर उतरी। हीराबाई ने हिरामन का कन्धा धर लिया एक हाथ से। बहुत देर तक हिरामन के कन्धे पर उसकी उँगलियाँ पड़ी रहीं। हिरामन ने नजर फिराकर कन्धे पर केन्द्रित करने की कोशिश की, कई बार। गाड़ी चढ़ाई पर

पहुँची तो हीरा की ढीली उँगलियाँ फिर तन गईं।

सामने फारबिसगंज शहर की रोशनी झिलमिला रही है। शहर से कुछ दूर हटकर मेले की रोशनी...टप्पर में लटके लालटेन की रोशनी में छाया नाचती है आसपास।...डबडबाई आँखों से, हर रोशनी सूरजमुखी फूल की तरह दिखाई पड़ती है।

फारबिसगंज तो हिरामन का घर-दुआर है!

न जाने कितनी बार वह फारबिसगंज आया है। मेले की लदनी लादी है। किसी औरत के साथ? हाँ, एक बार। उसकी भाभी जिस साल आई थी गौने में। इसी तरह तिरपाल से गाड़ी को चारों ओर से घेरकर बासा बनाया गया था।...

हिरामन अपनी गाड़ी को तिरपाल से घेर रहा है, गाड़ीवान-पट्टी में। सुबह होते ही रौता नौटंकी कम्पनी के मैनेजर से बात करके भरती हो जाएगी हीराबाई। परसों मेला खुल रहा है। इस बार मेले में पालचट्टी खूब जमी है।बस, एक रात। आज रात-भर हिरामन की गाड़ी में रहेगी वह।...हिरामन की गाड़ी में नहीं, घर में!

"कहाँ की गाड़ी है?...कौन, हिरामन! किस मेले से? किस चीज की लदनी है?"

गाँव-समाज के गाड़ीवान, एक-दूसरे को खोजकर, आसपास गाड़ी लगाकर बासा डालते हैं। अपने गाँव के लालमोहर, धुन्नीराम और पलटदास वगैरह गाड़ीवानों के दल को देखकर हिरामन अचकचा गया। उधर पलटदास टप्पर में झाँककर भड़का। मानो बाघ पर नजर पड़ गई। हिरामन ने इशारे से सभी को चुप किया। फिर गाड़ी की ओर कनखी मारकर फुसफुसाया—"चुप! कम्पनी की औरत है, नौटंकी कम्पनी की।"

"कम्पनी की-ई-ई-ई?"

"? ?...? ? × ×...!"

एक नहीं, अब चार हिरामन! चारों ने अचरज से एक-दूसरे को देखा।...कम्पनी नाम में कितना असर है! हिरामन ने लक्ष्य किया, तीनों एक साथ सटक-दम हो गए। लालमोहर ने जरा दूर हटकर बतियाने की इच्छा प्रकट की, इशारे से ही। हिरामन ने टप्पर की ओर मुँह करके कहा, "होटिल

तो नहीं खुला होगा कोई, हलवाई के यहाँ से पक्की ले आवें!"

"हिरामन, जरा इधर सुनो।...मैं कुछ नहीं खाऊँगी अभी। लो, तुम खा आओ।"

"क्या है, पैसा? इस्स!"...पैसा देकर हिरामन ने कभी फारबिसगंज में कच्ची-पक्की नहीं खाई। उसके गाँव के इतने गाड़ीवान हैं, किस दिन के लिए? वह छू नहीं सकता पैसा। उसने हीराबाई से कहा, "बेकार, मेला-बाजार में हुज्जत मत कीजिए। पैसा रखिए।" मौका पाकर लालमोहर भी टप्पर के करीब आ गया। उसने सलाम करते हुए कहा, "चार आदमी के भात में दो आदमी खुशी से खा सकते हैं। बासा पर भात चढ़ा हुआ है। हें-हें-हें! हम लोग एकहि गाँव के हैं। गौंवाँ-गरामिन के रहते होटिल और हलवाई के यहाँ खाएगा हिरामन?"

हिरामन ने लालमोहर का हाथ टीप दिया–"बेसी भचर-भचर मत बको।"

गाड़ी से चार रस्सी दूर जाते-जाते धुन्नीराम ने अपने कुलबुलाते हुए दिल की बात खोल दी–"इस्स! तुम भी खूब हो हिरामन! उस साल कम्पनी का बाघ, इस बार कम्पनी की जनानी!"

हिरामन ने दबी आवाज में कहा, "भाई रे, यह हम लोगों के मुलुक की जनाना नहीं कि लटपट बोली सुनकर भी चुप रह जाए। एक तो पच्छिम की औरत, तिस पर कम्पनी की!"

धुन्नीराम ने अपनी शंका प्रकट की–"लेकिन कम्पनी में तो सुनते हैं पतुरिया रहती है।"

"धत्त्!" सभी ने एक साथ उसको दुरदुरा दिया, "कैसा आदमी है! पतुरिया रहेगी कम्पनी में भला! देखो इसकी बुद्धि!...सुना है, देखा तो नहीं है कभी!"

धुन्नीराम ने अपनी गलती मान ली। पलटदास को बात सूझी–"हिरामन भाई, जनाना जात अकेली रहेगी गाड़ी पर? कुछ भी हो, जनाना आखिर जनाना ही है। कोई जरूरत ही पड़ जाए!"

यह बात सभी को अच्छी लगी। हिरामन ने कहा, "बात ठीक है। पलट, तुम लौट जाओ, गाड़ी के पास ही रहना। और देखो, गपशप जरा

होशियारी से करना। हाँ!"

...हिरामन की देह से अतर-गुलाब की खुशबू निकलती है। हिरामन करमसाँड़ है। उस बार महीनों तक उसकी देह से बघाइन गन्ध नहीं गई। लालमोहर ने हिरामन की गमछी सूँघ ली–"ए-ह!"

हिरामन चलते-चलते रुक गया–"क्या करें लालमोहर भाई, जरा कहो तो! बड़ी जिद्द करती है, कहती है, नौटंकी देखना ही होगा।"

"फोकट में ही?"

"और गाँव नहीं पहुँचेगी यह बात?"

हिरामन बोला, "नहीं जी! एक रात नौटंकी देखकर जिन्दगी-भर बोली-ठोली कौन सुने?...देशी मुर्गी विलायती चाल!"

धुन्नीराम ने पूछा, "फोकट में देखने पर भी तुम्हारी भौजाई बात सुनाएगी?"

लालमोहर के बासा के बगल में, लकड़ी की दुकान लादकर आए हुए गाड़ीवानों का बासा है। बासा के मीर-गाड़ीवान मियाँजान बूढ़े ने सफरी गुड़गुड़ी पीते हुए पूछा, "क्यों भाई, मीनाबाजार की लदनी लादकर कौन आया है?"

मीनाबाजार! मीनाबाजार तो पतुरिया-पट्टी को कहते हैं।...क्या बोलता है यह बूढ़ा मियाँ? लालमोहर ने हिरामन के कान में फुसफुसाकर कहा, "तुम्हारी देह मह-मह महकती है। सच।"

लहसनवाँ लालमोहर का नौकर गाड़ीवान है। उम्र में सबसे छोटा है। पहली बार आया है तो क्या? बाबू-बबुआइनों के यहाँ बचपन से नौकरी कर चुका है। वह रह-रहकर वातावरण में कुछ सूँघता है, नाक सिकोड़कर। हिरामन ने देखा, लहसनवाँ का चेहरा तमतमा गया है।...कौन आ रहा है धड़धड़ाता हुआ?–"कौन, पलटदास? क्या है?"

पलटदास आकर खड़ा हो गया चुपचाप। उसका मुँह भी तमतमाया हुआ था। हिरामन ने पूछा, "क्या हुआ? बोलते क्यों नहीं?"

क्या जवाब दे पलटदास। हिरामन ने उसको चेतावनी दे दी थी, गपशप होशियारी से करना। वह चुपचाप गाड़ी की आसनी पर जाकर बैठ गया, हिरामन की जगह पर। हीराबाई ने पूछा, "तुम भी हिरामन के साथ हो?"

पलटदास ने गरदन हिलाकर हामी भरी। हीराबाई फिर लेट गई।...चेहरा-मोहरा और बोली-बानी देख-सुनकर, पलटदास का कलेजा काँपने लगा; न जाने क्यों। हाँ! रामलीला में सिया सुकुमारी इसी तरह थकी लेटी हुई थी। जै! सियावर रामचन्द्र की जै!...पलटदास के मन में जै-जैकार होने लगा। वह दास-बैस्नव है, कीर्तनिया है। थकी हुई सीता महारानी के चरण टीपने की इच्छा प्रकट की उसने, हाथ की उँगलियों के इशारे से; मानो हारमोनियम की पटरियों पर नचा रहा हो। हीराबाई तमककर बैठ गई–"अरे, पागल है क्या? जाओ, भागो!..."

पलटदास को लगा गुस्साई हुई कम्पनी की औरत की आँखों से चिनगारी निकल रही है।–छटक्-छटक्! वह भागा।...

पलटदास क्या जवाब दे! वह मेला से भी भागने का उपाय सोच रहा है। बोला, "कुछ नहीं। हमको व्यापारी मिल गया। अभी ही टीशन जाकर माल लादना है। भात में तो अभी देर है। मैं लौट आता हूँ तब तक।"

खाते समय धुन्नीराम और लहसनवाँ ने पलटदास की टोकरी-भर निन्दा की। छोटा आदमी है। कमीना है। पैसे-पैसे का हिसाब जोड़ता है। खाने-पीने के बाद लालमोहर के दल ने अपना बासा तोड़ दिया। धुन्नी और लहसनवाँ गाड़ी जोतकर हिरामन के बासा पर चले, गाड़ी की लीक धरकर। हिरामन ने चलते-चलते रुककर, लालमोहर से कहा, "जरा मेरे इस कन्धे को सूँघो तो। सूँघकर देखो न?"

लालमोहर ने कन्धा सूँघकर आँखें मूँद लीं। मुँह से अस्फुट शब्द निकला–"ए-ह!"

हिरामन ने कहा, "जरा-सा हाथ रखने पर इतनी खुशबू!...समझे!"

लालमोहर ने हिरामन का हाथ पकड़ लिया–"कन्धे पर हाथ रखा था? सच?...सुनो हिरामन, नौटंकी देखने का ऐसा मौका फिर कभी हाथ नहीं लगेगा। हाँ!"

"तुम भी देखोगे?"

लालमोहर की बत्तीसी चौराहे की रोशनी में झिलमिला उठी।

बासा पर पहुँचकर हिरामन ने देखा, टप्पर के पास खड़ा बतिया रहा है कोई, हीराबाई से। धुन्नी और लहसनवाँ ने एक ही साथ कहा, "कहाँ रह

गए पीछे? बहुत देर से खोज रही है कम्पनी...!"

हिरामन ने टप्पर के पास जाकर देखा–अरे, यह तो वही बक्सा ढोनेवाला नौकर, जो चम्पानगर मेले में हीराबाई को गाड़ी पर बिठाकर अँधेरे में गायब हो गया था।

"आ गए हिरामन! अच्छी बात, इधर आओ।...यह लो अपना भाड़ा और यह लो अपनी दच्छिना! पच्चीस-पच्चीस, पचास।"

हिरामन को लगा, किसी ने आसमान से धकेलकर धरती पर गिरा दिया। किसी ने क्यों, इस बक्सा ढोनेवाले आदमी ने। कहाँ से आ गया? उसकी जीभ पर आई हुई बात जीभ पर ही रह गई...इस्स! दच्छिना! वह चुपचाप खड़ा रहा।

हीराबाई बोली, "लो, पकड़ो! और सुनो, कल सुबह रौता कम्पनी में आकर मुझसे भेंट करना। पास बनवा दूँगी।...बोलते क्यों नहीं?"

लालमोहर ने कहा, "इलाम-बकसीस दे रही है मालकिन, ले लो हिरामन!" हिरामन ने कटकर लालमोहर की ओर देखा।...बोलने का जरा भी ढंग नहीं इस लालमोहरा को।

धुन्नीराम की स्वगतोक्ति सभी ने सुनी, हीराबाई ने भी–गाड़ी-बैल छोड़कर नौटंकी कैसे देख सकता है कोई गाड़ीवान, मेले में।

हिरामन ने रुपया लेते हुए कहा, "क्या बोलेंगे!" उसने हँसने की चेष्टा की।...कम्पनी की औरत कम्पनी में जा रही है। हिरामन का क्या! बक्सा ढोनेवाला रास्ता दिखाता हुआ आगे बढ़ा–"इधर से।" हीराबाई जाते-जाते रुक गई। हिरामन के बैलों को सम्बोधित करके बोली, "अच्छा, मैं चली भैयन!"

बैलों ने, भैया शब्द पर कान हिलाए।

"??...?? ××...!"

"भा-इ-यो, आज रात! दि रौता संगीत नौटंकी कम्पनी के स्टेज पर! गुलबदन देखिए, गुलबदन! आपको यह जानकर खुशी होगी कि मथुरामोहन कम्पनी की मशहूर एक्ट्रेस मिस हीरादेवी, जिसकी एक-एक अदा पर हजार जान

फिदा हैं, इस बार हमारी कम्पनी में आ गई हैं। याद रखिए। आज की रात। मिस हीरादेवी गुलबदन...!"

नौटंकीवालों के इस एलान से मेले की हर पट्टी में सरगर्मी फैल रही है।...हीराबाई? मिस हीरादेवी? लैला, गुलबदन...? फिलिम एक्ट्रेस को मात करती है।

...तेरी बाँकी अदा पर मैं खुद हूँ फिदा,
तेरी चाहत को दिलबर बयाँ क्या करूँ!
यही खाहिश है कि इ-इ-इ तू मुझको देखा करे
और दिलोजान मैं तुमको देखा करूँ।

...किर्र-र्र-र्र-र्र...कड़ड़ड़ड़र्र-र्र-घन-घन-धड़ाम!

हर आदमी का दिल नगाड़ा हो गया है!

लालमोहर दौड़ता-हाँफता बासा पर आया–"ऐ, ऐ हिरामन, यहाँ क्या बैठे हो, चलकर देखो जै-जैकार हो रहा है! मय बाजा-गाजा, छापी-फाहरम के साथ हीराबाई की जै-जै कर रहा है।"

हिरामन हड़बड़ाकर उठा। लहसनवाँ ने कहा, "धुन्नी काका, तुम बासा पर रहो, मैं भी देख आऊँ।"

धुन्नी की बात कौन सुनता है! तीनों जन नौटंकी कम्पनी की एलानिया पार्टी के पीछे-पीछे चलने लगे। हर नुक्कड़ पर रुककर, बाजा बन्द करके एलान किया जाता है। एलान के हर शब्द पर हिरामन पुलक उठता है। हीराबाई का नाम, नाम के साथ अदा-फिदा वगैरह सुनकर उसने लालमोहर की पीठ थपथपा दी–"धन्न है, धन्न है! है या नहीं?"

लालमोहर ने कहा, "अब बोलो! अब भी नौटंकी नहीं देखोगे?" सुबह से ही धुन्नीराम और लालमोहर समझा रहे थे, समझाकर हार चुके थे–"कम्पनी में जाकर भेंट कर आओ। जाते-जाते पुरसिस कर गई हैं।" लेकिन हिरामन की बस एक बात–"धत्त, कौन भेंट करने जाए! कम्पनी की औरत, कम्पनी में गई। अब उससे क्या लेना-देना! चीन्हेगी भी नहीं!"

वह मन-ही-मन रूठा हुआ था। एलान सुनने के बाद उसने लालमोहर से कहा, "जरूर देखना चाहिए, क्यों लालमोहर?"

दोनों आपस में सलाह करके रौता कम्पनी की ओर चले। खेमे के पास

पहुँचकर हिरामन ने लालमोहर को इशारा किया, पूछताछ करने का भार लालमोहर के सिर। लालमोहर कचराही बोलना जानता है। लालमोहर ने एक काले कोटवाले से कहा, "बाबू साहेब, जरा सुनिए तो!"

काले कोटवाले ने नाक-भौं चढ़ाकर कहा—"क्या है? इधर क्यों?"

लालमोहर की कचराही बोली गड़बड़ा गई—तेवर देखकर बोला, "गुलगुल...नहीं-नहीं...बुल-बुल...नहीं...।"

हिरामन ने झट-से सम्हाल दिया—"हीरादेवी किधर रहती हैं, बता सकते हैं?"

उस आदमी की आँखें हठात् लाल हो गईं। सामने खड़े नेपाली सिपाही को पुकारकर कहा, "इन लोगों को क्यों आने दिया इधर?"

"हिरामन!"...वही फेनूगिलासी आवाज किधर से आई? खेमे के परदे को हटाकर हीराबाई ने बुलाया—"यहाँ आ जाओ, अन्दर!...देखो, बहादुर! इसको पहचान लो। यह मेरा हिरामन है। समझे!"

नेपाली दरबान हिरामन की ओर देखकर जरा मुस्कराया और चला गया। काले कोटवाले से जाकर कहा, "हीराबाई का आदमी है। नहीं रोकने बोला!"

लालमोहर पान ले आया नेपाली दरबान के लिए—"खाया जाए!"

"इस्स! एक नहीं, पाँच पास। चारों अठनिया! बोली कि जब तक मेले में हो, रोज रात में आकर देखना। सबका खयाल रखती है। बोली कि तुम्हारे और साथी हैं, सभी के लिए पास ले जाओ। कम्पनी की औरतों की बात निराली होती है! है या नहीं?"

लालमोहर ने लाल कागज के टुकड़ों को छूकर देखा—"पा-स! वाह रे हिरामन भाई!...लेकिन पाँच पास लेकर क्या होगा? पलटदास तो फिर पलटकर आया ही नहीं है अभी तक।"

हिरामन ने कहा, "जाने दो अभागे को। तकदीर में लिखा नहीं।...हाँ, पहले गुरुकसम खानी होगी सभी को, कि गाँव-घर में यह बात एक पंछी भी न जान पाए।"

लालमोहर ने उत्तेजित होकर कहा, "कौन साला बोलेगा, गाँव में जाकर? पलटा ने अगर बदमाशी की तो दूसरी बार से फिर साथ नहीं लाऊँगा।"

हिरामन ने अपनी थैली आज हीराबाई के जिम्मे रख दी है। मेले का क्या ठिकाना! किस्म-किस्म के पॉकिटकाट लोग हर साल आते हैं। अपने साथी-संगियों का भी क्या भरोसा! हीराबाई मान गई। हिरामन के कपड़े की काली थैली को उसने अपने चमड़े के बक्स में बन्द कर दिया। बक्से के ऊपर भी कपड़े का खोल और अन्दर भी झलमल रेशमी अस्तर! मन का मान-अभिमान दूर हो गया।

लालमोहर और धुन्नीराम ने मिलकर हिरामन की बुद्धि की तारीफ की; उसके भाग्य को सराहा बार-बार। उसके भाई और भाभी की निन्दा की, दबी जबान से। हिरामन के जैसा हीरा भाई मिला है, इसीलिए! कोई दूसरा भाई होता तो...।

लहसनवाँ का मुँह लटका हुआ है। एलान सुनते-सुनते न जाने कहाँ चला गया कि घड़ी-भर साँझ होने के बाद लौटा है। लालमोहर ने एक मालिकाना झिड़की दी है, गाली के साथ–"सोहदा कहीं का!"

धुन्नीराम ने चूल्हे पर खिचड़ी चढ़ाते हुए कहा, ''पहले यह फैसला कर लो कि गाड़ी के पास कौन रहेगा।''

"रहेगा कौन, यह लहसनवाँ कहाँ जाएगा?"

लहसनवाँ रो पड़ा–"हे-ए-ए मालिक, हाथ जोड़ते हैं। इक्को झलक! बस, एक झलक!"

हिरामन ने उदारतापूर्वक कहा, "अच्छा-अच्छा, एक झलक क्यों, एक घंटा देखना। मैं आ जाऊँगा।"

नौटंकी शुरू होने के दो घंटे पहले ही नगाड़ा बजना शुरू हो जाता है। और नगाड़ा शुरू होते ही लोग पतंगों की तरह टूटने लगते हैं। टिकटघर के पास भीड़ देखकर हिरामन को बड़ी हँसी आई–"लालमोहर, उधर देख, कैसी धक्कमधुक्की कर रहे हैं लोग!"

"हिरामन भाय!"

"कौन, पलटदास! कहाँ की लदनी लाद आए?" लालमोहर ने पराए

गाँव के आदमी की तरह पूछा।

पलटदास ने हाथ मलते हुए माफी माँगी–"कसूरवार हैं; जो सजा दो तुम लोग, सब मंजूर है। लेकिन सच्ची बात कहें कि सिया सुकुमारी... ।"

हिरामन के मन का पुरइन नगाड़े के ताल पर विकसित हो चुका है। बोला, "देखो पलटा, यह मत समझना कि गाँव-घर की जनाना है। देखो, तुम्हारे लिए भी पास दिया है; पास ले लो अपना, तमाशा देखो।"

लालमोहर ने कहा, "लेकिन एक शर्त पर पास मिलेगा। बीच-बीच में लहसनवाँ को भी... ।"

पलटदास को कुछ बताने की जरूरत नहीं। वह लहसनवाँ से बातचीत कर आया है अभी।

लालमोहर ने दूसरी शर्त सामने रखी–"गाँव में अगर यह बात मालूम हुई किसी तरह... ।"

"राम-राम!" दाँत से जीभ को काटते हुए कहा पलटदास ने।

पलटदास ने बताया–"अठनिया फाटक इधर है।" फाटक पर खड़े दरबान ने हाथ से पास लेकर उनके चेहरे को बारी-बारी से देखा। बोला, "यह तो पास है। कहाँ से मिला?"

अब लालमोहर की कचराही बोली सुने कोई! उसके तेवर देखकर दरबान घबरा गया–"मिलेगा कहाँ से? अपनी कम्पनी से पूछ लीजिए जाकर। चार ही नहीं, देखिए एक और है।" जेब से पाँचवाँ पास निकालकर दिखाया लालमोहर ने।

एक रुपयावाले फाटक पर नेपाली दरबान खड़ा था। हिरामन ने पुकारकर कहा, "ए सिपाही दाजू, सुबह को ही पहचनवा दिया और अभी भूल गए?"

नेपाली दरबान बोला, "हीराबाई का आदमी है सब। जाने दो। पास है तो फिर काहे को रोकता है?"

अठनिया दर्जा!

तीनों ने 'कपड़घर' को अन्दर से पहली बार देखा। सामने कुरसी-बेंचवाले दर्जे हैं। परदे पर राम-बन-गमन की तस्वीर है। पलटदास पहचान गया। उसने हाथ जोड़कर नमस्कार किया, परदे पर अंकित रामसिया

सुकुमारी और लखनलला को। "जै हो, जै हो!" पलटदास की आँखें भर आईं।

हिरामन ने कहा, "लालमोहर, छापी सभी खड़े हैं या चल रहे हैं?"

लालमोहर अपने बगल में बैठे दर्शकों से जान-पहचान कर चुका है। उसने कहा, "खेला अभी परदा के भीतर है। अभी जमिनका दे रहा है, लोग जमाने के लिए।"

पलटदास ढोलक बजाना जानता है, इसलिए नगाड़े के ताल पर गरदन हिलाता है और दियासलाई पर ताल काटता है। बीड़ी आदान-प्रदान करके हिरामन ने भी एकाध जान-पहचान कर ली। लालमोहर के परिचित आदमी ने चादर से देह को ढकते हुए कहा, "नाच शुरू होने में अभी देर है, तब तक एक नींद ले लें।...सब दर्जा से अच्छा अठनिया दर्जा। सबसे पीछे सबसे ऊँची जगह पर है। जमीन पर गरम पुआल! हे-हे कुरसी-बेंच पर बैठकर इस सरदी के मौसम में तमाशा देखनेवाले अभी घुच-घुचकर उठेंगे चाह पीने।"

उस आदमी ने अपने संगी से कहा, "खेला शुरू होने पर जगा देना। नहीं-नहीं, खेला शुरू होने पर नहीं, हिरिया जब स्टेज पर उतरे, हमको जगा देना।"

हिरामन के कलेजे में जरा आँच लगी।...बड़ा लटपटिया आदमी मालूम पड़ता है। उसने लालमोहर को आँख के इशारे से कहा, "इस आदमी से बतियाने की जरूरत नहीं।"

...घन-घन-घन-धड़ाम! परदा उठ गया। हे-ए, हे-ए, हीराबाई शुरू में ही उतर गई स्टेज पर! कपड़घर खचमखच भर गया है। हिरामन का मुँह अचरज से खुल गया लालमोहर को न जाने क्यों ऐसी हँसी आ रही है। हीराबाई के गीत के हर पद पर वह हँसता है, बेवजह।

गुलबदन दरबार लगाकर बैठी है। एलान कर रही है : जो आदमी तख्तहजारा बनाकर ला देगा, मुँहमाँगी चीज इनाम में दी जाएगी।...अजी, है कोई ऐसा फनकार, तो हो जाए तैयार, बनाकर लाए तख्तहजारा-आ! किड़किड़-किर्रि-–! अलबत्त नाचती है! क्या गला है! मालूम है, यह आदमी कहता है कि हीराबाई पान-बीड़ी, सिगरेट-जर्दा कुछ नहीं खाती!...ठीक कहता है। बड़ी नेमवाली रंडी है।...कौन कहता है कि रंडी है! दाँत में मिस्सी कहाँ

है। पौडर से दाँत धो लेती होगी। हरगिज नहीं।...कौन आदमी है, बात की बेबात करता है! कम्पनी की औरत को पतुरिया कहता है! तुमको बात क्यों लगी? कौन है रंडी का भड़वा? मारो साले को! मारो! तेरी...।

हो-हल्ले के बीच, हिरामन की आवाज कपड़घर को फाड़ रही है–"आओ, एक-एक की गरदन उतार लेंगे।"

लालमोहर दुआली से पटापट पीटता जा रहा है सामने के लोगों को। पलटदास एक आदमी की छाती पर सवार है–"साला, सिया सुकुमारी को गाली देता है, सो भी मुसलमान होकर?"

धुन्नीराम शुरू से ही चुप था। मारपीट शुरू होते ही वह कपड़घर से निकलकर बाहर भागा।

काले कोटवाले नौटंकी के मैनेजर नेपाली सिपाही के साथ दौड़े आए। दारोगा साहब ने हंटर से पीट-पाट शुरू की। हंटर खाकर लालमोहर तिलमिला उठा; कचराही बोली में भाषण देने लगा–"दारोगा साहब, मारते हैं, मारिए। कोई हर्ज नहीं। लेकिन यह पास देख लीजिए, एक पास पॉकिट में भी है। देख सकते हैं हुजूर। टिकस नहीं पास!...तब हम लोगों के सामने कम्पनी की औरत को कोई बुरी बात कहे तो कैसे छोड़ देंगे?"

कम्पनी के मैनेजर की समझ में आ गई सारी बात। उसने दारोगा को समझाया–"हुजूर, मैं समझ गया। यह सारी बदमाशी मथुरामोहन कम्पनीवालों की है। तमाशे में झगड़ा खड़ा करके कम्पनी को बदनाम...नहीं हुजूर, इन लोगों को छोड़ दीजिए हीराबाई के आदमी हैं। बेचारी की जान खतरे में है। हुजूर से कहा था न!"

हीराबाई का नाम सुनते ही दारोगा ने तीनों को छोड़ दिया। लेकिन तीनों की दुआली छीन ली गई। मैनेजर ने तीनों को एक रुपएवाले दरजे में कुर्सी पर बिठाया–"आप लोग यहीं बैठिए। पान भिजवा देता हूँ।" कपड़घर शान्त हुआ और हीराबाई स्टेज पर लौट आई।

नगाड़ा फिर घनघना उठा।

थोड़ी देर बाद तीनों को एक ही साथ धुन्नीराम का खयाल हुआ–अरे, धुन्नीराम कहाँ गया?

"मालिक, ओ मालिक!" लहसनवाँ कपड़घर के बाहर चिल्लाकर पुकार

रहा है, "ओ लालमोहर मा-लि-क!"

लालमोहर ने तारस्वर में जवाब दिया—"इधर से, इधर से! एकटकिया फाटक से।" सभी दर्शकों ने लालमोहर की ओर मुड़कर देखा। लहसनवाँ को नेपाली सिपाही लालमोहर के पास ले आया। लालमोहर ने जेब से पास निकालकर दिखा दिया। लहसनवाँ ने आते ही पूछा, "मालिक, कौन आदमी क्या बोल रहा था? बोलिए तो जरा। चेहरा दिखला दीजिए, उसकी एक झलक!"

लोगों ने लहसनवाँ की चौड़ी और सपाट छाती देखी। जाड़े के मौसम में भी खाली देह!...चेले-चाटी के साथ हैं ये लोग!

लालमोहर ने लहसनवाँ को शान्त किया।

...तीनों-चारों से मत पूछे कोई, नौटंकी में क्या देखा। किस्सा कैसे याद रहे! हिरामन को लगता था, हीराबाई शुरू से ही उसी की ओर टकटकी लगाकर देख रही है, गा रही है, नाच रही है। लालमोहर को लगता था, हीराबाई उसी की ओर देखती है। वह समझ गई है, हिरामन से भी ज्यादा पावरवाला आदमी है लालमोहर! पलटदास किस्सा समझता है।...किस्सा और क्या होगा, रमैन की ही बात है। वही राम, वही सीता, वही लखनलला और वही रावन! सिया सुकुमारी को रामजी से छीनने के लिए रावन तरह-तरह का रूप धरकर आता है। राम और सीता भी रूप बदल लेते हैं। यहाँ भी तख्तहजारा बनानेवाला माली का बेटा राम है। गुलबदन सिया सुकुमारी है। माली के लड़के का दोस्त लखनलला है और सुलतान है रावन।...धुन्नीराम को बुखार है तेज! लहसनवाँ को सबसे अच्छा जोकर का पार्ट लगा है...चिरैया तोंहके लेके ना, जइवै नरहट के बजरिया! वह उस जोकर से दोस्ती लगाना चाहता है।...नहीं लगावेगा दोस्ती, जोकर साहब?

हिरामन को एक गीत की आधी कड़ी हाथ लगी है—'मारे गए गुलफाम!' कौन था यह गुलफाम? हीराबाई रोती हुई गा रही थी—"अजी हाँ, मारे गए गुलफाम!" टिड़िड़िड़ि...बेचारा गुलफाम!

तीनों को दुआली वापस देते हुए पुलिस के सिपाही ने कहा, "लाठी-दुआली लेकर नाच देखने आते हो?"

दूसरे दिन मेले-भर में यह बात फैल गई—मथुरामोहन कम्पनी से

भागकर आई है हीराबाई, इसलिए इस बार मथुरामोहन कम्पनी नहीं आई है।...उसके गुंडे आए हैं।...हीराबाई भी कम नहीं। बड़ी खेलाड़ औरत है। तेरह-तेरह देहाती लठैत पाल रही है।...'वाह मेरी जान' भी कहो तो कोई! मजाल है!

दस दिन-दिन रात!...

दिन-भर भाड़ा ढोता हिरामन। शाम होते ही नौटंकी का नगाड़ा बजने लगता। नगाड़े की आवाज सुनते ही हीराबाई की पुकार कानों के पास मँडराने लगती--भैया...मीता...हिरामन...उस्ताद...गुरुजी! हमेशा कोई-न-कोई बाजा उसके मन के कोने में बजता रहता, दिन-भर। कभी हारमोनियम, कभी नगाड़ा, कभी ढोलक और कभी हीराबाई की पैजनी। उन्हीं साजों की गत पर हिरामन उठता-बैठता, चलता-फिरता। नौटंकी कम्पनी के मैनेजर से लेकर परदा खींचनेवाले तक उसको पहचानते हैं।...हीराबाई का आदमी है।

पलटदास हर रात नौटंकी शुरू होने के समय श्रद्धापूर्वक स्टेज को नमस्कार करता, हाथ जोड़कर। लालमोहर, एक दिन अपनी कचराही बोली सुनाने गया था हीराबाई को। हीराबाई ने पहचाना ही नहीं। तब से उसका दिल छोटा हो गया है। उसका नौकर लहसनवाँ उसके हाथ से निकल गया है, नौटंकी कम्पनी में भर्ती हो गया है। जोकर से उसकी दोस्ती हो गई है। दिन-भर पानी भरता है, कपड़े धोता है। कहता है गाँव में क्या है जो जाएँगे! लालमोहर उदास रहता है। धुन्नीराम घर चला गया है, बीमार होकर।

हिरामन आज सुबह से तीन बार लदनी लादकर स्टेशन आ चुका है। आज न जाने क्यों उसको अपनी भौजाई की याद आ रही है।...धुन्नीराम ने कुछ कह तो नहीं दिया है, बुखार की झोंक में! यहीं कितना अटर-पटर बक रहा था–बुलबदन, तख्तहजारा!...लहसनवाँ मौज में है। दिन-भर हीराबाई को देखता होगा। कल कह रहा था, हिरामन मालिक, तुम्हारे अकबाल से खूब मौज में हूँ। हीराबाई की साड़ी धोने के बाद कठौते का पानी अतरगुलाब हो जाता है। उसमें अपनी गमछी डुबाकर छोड़ देता हूँ। लो, सूँघोगे?...हर रात, किसी-न-किसी के मुँह से सुनता है वह–हीराबाई रंडी है। कितने लोगों से

लड़े वह! बिना देखे ही लोग कैसे कोई बात बोलते हैं! राजा को भी लोग पीठ-पीछे गाली देते हैं!...आज वह हीराबाई से मिलकर कहेगा, नौटंकी कम्पनी में रहने से बहुत बदनाम करते हैं लोग। सरकस कम्पनी में क्यों नहीं काम करती?...सबके सामने नाचती है, हिरामन का कलेजा दप-दप जलता रहता है उस समय। सरकस कम्पनी में बाघ को...उसके पास जाने की हिम्मत कौन करेगा! सुरक्षित रहेगी हीराबाई! किधर की गाड़ी आ रही है?

"हिरामन, ए हिरामन भाय!" लालमोहर की बोली सुनकर हिरामन ने गरदन मोड़कर देखा।...क्या लादकर लाया है लालमोहर?

"तुमको ढूँढ़ रही है हीराबाई, इशटीशन पर। जा रही है।" एक ही साँस में सुना गया। लालमोहर की गाड़ी पर ही आई है मेले से।

"जा रही है? कहाँ? हीराबाई रेलगाड़ी से जा रही है?"

हिरामन ने गाड़ी खोल दी। मालगुदाम के चौकीदार से कहा, "भैया, जरा गाड़ी-बैल देखते रहिए। आ रहे हैं।"

"उस्ताद!" जनाना मुसाफिरखाने के फाटक के पास हीराबाई ओढ़नी से मुँह-हाथ ढककर खड़ी थी। थैली बढ़ाती हुई बोली, "लो! हे भगवान! भेंट हो गई, चलो, मैं तो उम्मीद खो चुकी थी। तुमसे अब भेंट नहीं हो सकेगी।... मैं जा रही हूँ गुरुजी!"

बक्सा ढोनेवाला आदमी आज कोट-पतलून पहनकर बाबूसाहब बन गया है। मालिकों की तरह कुलियों को हुक्म दे रहा है–"जनाना दर्जा में चढ़ाना। अच्छा?"

हिरामन हाथ में थैली लेकर चुपचाप खड़ा रहा। कुरते के अन्दर से थैली निकालकर दी है हीराबाई ने।...चिड़िया की देह की तरह गर्म है थैली।

"गाड़ी आ रही है।" बक्सा ढोनेवाले ने मुँह बनाते हुए हीराबाई की ओर देखा। उसके चेहरे का भाव स्पष्ट है–इतना ज्यादा क्या है...?

हीराबाई चंचल हो गई। बोली,"हिरामन, इधर आओ, अन्दर। मैं फिर लौटकर जा रही हूँ मथुरामोहन कम्पनी में। अपने देश की कम्पनी है।...बनैली मेला आओगे न?"

हीराबाई ने हिरामन के कन्धे पर हाथ रखा...इस बार दाहिने कन्धे

पर। फिर अपनी थैली से रुपया निकालते हुए बोली, "एक गरम चादर खरीद लेना...।"

हिरामन की बोली फूटी, इतनी देर के बाद–"इस्स! हरदम रुपैया-पैसा! रखिए रुपैया!...क्या करेंगे चादर?"

हीराबाई का हाथ रुक गया। उसने हिरामन के चेहरे को गौर से देखा। फिर बोली, "तुम्हारा जी बहुत छोटा हो गया है। क्यों मीता?...महुआ घटवारिन को सौदागर ने खरीद जो लिया है गुरुजी!"

गला भर आया हीराबाई का। बक्सा ढोनेवाले ने बाहर से आवाज दी– "गाड़ी आ गई।" हिरामन कमरे से बाहर निकल आया। बक्सा ढोनेवाले ने नौटंकी के जोकर-जैसा मुँह बनाकर कहा, "लाटफारम से बाहर भागो। बिना टिकट के पकड़ेगा तो तीन महीने की हवा...।"

हिरामन चुपचाप फाटक से बाहर जाकर खड़ा हो गया।...टीशन की बात, रेलवे का राज! नहीं तो इस बक्सा ढोनेवाले का मुँह सीधा कर देता हिरामन।...

हीराबाई ठीक सामनेवाली कोठरी में चढ़ी। इस्स! इतना टान! गाड़ी में बैठकर भी हिरामन की ओर देख रही है, टुकुर-टुकुर।...लालमोहर को देखकर जी जल उठता है, हमेशा पीछे-पीछे; हरदम हिस्सादारी सूझती है।

गाड़ी ने सीटी दी। हिरामन को लगा, उसके अन्दर से कोई आवाज निकलकर सीटी के साथ ऊपर की ओर चली गई–कू-उ-उ-इ-स्स...!

...छि-ई-ई-छक्क! गाड़ी हिली। हिरामन ने अपने दाहिने पैर के अँगूठे को बाएँ पैर की एड़ी से कुचल लिया। कलेजे की धड़कन ठीक हो गई।... हीराबाई हाथ की बैंगनी साफी से चेहरा पोंछती है। साफी हिलाकर इशारा करती है...अब जाओ।...आखिरी डब्बा गुजरा; प्लेटफार्म खाली...सब खाली... खोखले...मालगाड़ी के डब्बे! दुनिया ही खाली हो गई मानो! हिरामन अपनी गाड़ी के पास लौट आया।

हिरामन ने लालमोहर से पूछा, "तुम कब तक लौट रहे हो गाँव?"

लालमोहर बोला, "अभी गाँव जाकर क्या करेंगे? यही तो भाड़ा कमाने का मौका है! हीराबाई चली गई, मेला अब टूटेगा।"

–"अच्छी बात। कोई समाद देना है घर?"

लालमोहर ने हिरामन को समझाने की कोशिश की। लेकिन हिरामन ने अपनी गाड़ी गाँव की ओर जानेवाली सड़क की ओर मोड़ दी।...अब मेले में क्या धरा है! खोखला मेला!

रेलवे लाइन की बगल से बैलगाड़ी की कच्ची सड़क गई है दूर तक। हिरामन कभी रेल पर नहीं चढ़ा है। उसके मन में फिर पुरानी लालसा झाँकी, रेलगाड़ी पर सवार होकर, गीत गाते हुए जगरनाथ-धाम जाने की लालसा।... उलटकर अपने खाली टप्पर की ओर देखने की हिम्मत नहीं होती है। पीठ में आज भी गुदगुदी लगती है। आज भी रह-रहकर चम्पा का फूल खिल उठता है, उसकी गाड़ी मे। एक गीत की टूटी कड़ी पर नगाड़े का ताल कट जाता है, बार-बार!...

उसने उलटकर देखा, बोरे भी नहीं, बाँस भी नहीं, बाघ भी नहीं... परी...देवी...मीता...हीरादेवी...महुआ घटवारिन–को-ई नहीं। मरे हुए मुहूर्तों की गूँगी आवाजें मुखर होना चाहती हैं। हिरामन के होंठ हिल रहे हैं। शायद वह तीसरी कसम खा रहा है–कम्पनी की औरत की लदनी...।

हिरामन ने हठात् अपने दोनों बैलों को झिड़की दी, दुआली से मारते हुए बोला, "रेलवे लाइन की ओर उलट-उलटकर क्या देखते हो?" दोनों बैलों ने कदम खोलकर चाल पकड़ी। हिरामन गुनगुनाने लगा–"अजी हाँ, मारे गए गुलफाम...!"

लाल पान की बेगम

"क्यों बिरजू की माँ, नाच देखने नहीं जाएगी क्या?"

बिरजू की माँ शकरकन्द उबालकर बैठी मन-ही-मन कुढ़ रही थी अपने आँगन में। सात साल का लड़का बिरजू शकरकन्द के बदले तमाचे खाकर आँगन में लोट-लोटकर सारी देह में मिट्टी मल रहा था। चम्पिया के सिर भी चुड़ैल मँडरा रही है...आधे-आँगन धूप रहते जो गई है सहुआइन की दुकान छोवा-गुड़ लाने, सो अभी तक नहीं लौटी; दीया-बाती की बेला हो गई।

आए आज लौटके जरा! बागड़ बकरे की देह में कुकुरमाछी लगी थी, इसलिए बेचारा बागड़ रह-रहकर कूद-फाँद कर रहा था। बिरजू की माँ बागड़ पर मन का गुस्सा उतारने का बहाना ढूँढ़कर निकाल चुकी थी।...पिछवाड़े की मिर्च की फूली गाछ! बागड़ के सिवा और किसने कलेवा किया होगा! बागड़ को मारने के लिए वह मिट्टी का छोटा ढेला उठा चुकी थी, कि पड़ोसिन मखनी फुआ की पुकार सुनाई पड़ी—"क्यों बिरजू की माँ, नाच देखने नहीं जाएगी क्या?"

"बिरजू की माँ के आगे नाथ और पीछे पगहिया न हो तब न; फुआ!"

गरम गुस्से में बुझी नुकीली बात फुआ की देह में धँस गई और बिरजू की माँ ने हाथ के ढेले को पास ही फेंक दिया—"बेचारे बागड़ को कुकुरमाछी परेशान कर रही है! आ...हा, आय...आय! हर्र-र-र-र! आय-आय!"

बिरजू ने लेटे-ही-लेटे बागड़ को एक डंडा लगा दिया। बिरजू की माँ की इच्छा हुई कि जाकर उसी डंडे से बिरजू का भूत भगा दे, किन्तु नीम के पास खड़ी पनभरियों की खिलखिलाहट सुनकर रुक गई। बोली, "ठहर, तेरे बप्पा ने बड़ा हथछुट्टा बना दिया है तुझे! बड़ा हाथ चलता है लोगों पर। ठहर!"

मखनी फुआ नीम के पास झुकी कमर से घड़ा उतारकर पानी भरकर लौटती पनभरनियों में बिरजू की माँ की बहकी हुई बात का इन्साफ करा रही थी—"जरा देखो तो इस बिरजू की माँ को! चार मन पाट (जूट) का पैसा क्या हुआ है, धरती पर पाँव ही नहीं पड़ते! निसाफ करो! खुद अपने मुँह से आठ दिन पहले से ही गाँव की अली-गली में बोलती फिरी है, 'हाँ, इस बार बिरजू के बप्पा ने कहा है, बैलगाड़ी पर बिठाकर बलरामपुर का नाच दिखा लाऊँगा। बैल अब अपने घर है, तो हजार गाड़ी मँगनी मिल जाएँगी।" सो मैंने अभी टोक दिया, नाच देखनेवाली सब तो औन-पौन कर तैयार हो रही हैं, रसोई-पानी कर रहे हैं। मेरे मुँह में आग लगे, क्यों मैं टोकने गई! सुनती हो, क्या जवाब दिया बिरजू की माँ ने?"

मखनी फुआ ने अपने पोपले मुँह के होंठों को एक ओर मोड़कर ऐंठती

हुई बोली निकाली—"अर्-रें-हाँ-हाँ! बि-र-र-ज्जू की मै...या के आगे नाथ औ-र्र पीछे पगहिया ना हो, तब्ब ना-आ-आ!"

जंगी की पुतोहू बिरजू की माँ से नहीं डरती। वह जरा गला खोलकर ही कहती है, "फुआ-आ! सरबे सित्तलमिंटी (सर्वे सेट्लमेंट) के हाकिम के बासा पर फूलछाप किनारीवाली साड़ी पहनके यदि तू भी भटा की भेंटी चढ़ाती तो तुम्हारे नाम से भी दु-तीन बीघा धनहर जमीन का पर्चा कट जाता! फिर तुम्हारे घर भी आज दस मन सोनाबंग पाट होता, जोड़ा बैल खरीदता! फिर आगे नाथ और पीछे सैकड़ों पगहिया झुलती!"

जंगी की पुतोहू मुँहजोर है। रेलवे स्टेशन के पास की लड़की है। तीन ही महीने हुए गौने की नई बहू होकर आई है और सारे कुर्माटोली की सभी झगड़ालू सासों से एकाध मोरचा ले चुकी है। उसका ससुर जंगी दागी चोर है, सी-किलासी है। उसका खसम रंगी कुर्माटोली का नामी लठैत। इसीलिए हमेशा सींग खुजाती फिरती है जंगी की पुतोहू!

बिरजू की माँ के आँगन में जंगी की पुतोहू की गला-खोल बोली गुलेल की गोलियों की तरह दनदनाती हुई आई थी। बिरजू की माँ ने एक तीखा जवाब खोजकर निकाला, लेकिन मन मसोसकर रह गई।...गोबर की ढेरी में कौन ढेला फेंके!

जीभ के झाल को गले में उतारकर बिरजू की माँ ने अपनी बेटी चम्पिया को आवाज दी—"अरी चम्पिया-या-या, आज लौटे तो तेरी मूड़ी मरोड़कर चूल्हे में झोंकती हूँ! दिन-दिन बेचाल होती जाती है!...गाँव में तो अब ठेठर-बैसकोप का गीत गानेवाली पतुरिया-पुतोहू सब आने लगी हैं। कहीं बैठके 'बाजे न मुरलिया' सीख रही होगी ह-र-जा-ई ई! अरी चम्पि-या-या-या!"

जंगी की पुतोहू ने बिरजू की माँ की बोली का स्वाद लेकर कमर पर घड़ को सँभाला और मटककर बोली, "चल दिदिया, चल! इस मुहल्ले में लाल पान की बेगम बसती है! नहीं जानती, दोपहर-दिन और चौपहर-रात बिजली की बत्ती भक्-भक् कर जलती है!"

भक्-भक् बिजली-बत्ती की बात सुनकर न जाने क्यों सभी खिलखिलाकर हँस पड़ीं। फुआ की टूटी हुई दन्त-पंक्तियों के बीच से एक मीठी गाली निकली—"शैतान की नानी!"

बिरजू की माँ की आँखों पर मानो किसी ने तेज टार्च की रोशनी डालकर चौंधिया दिया।...भक्-भक् बिजली-बत्ती! तीन साल पहले सर्वे कैम्प के बाद गाँव की जलन-डाही औरतों ने एक कहानी गढ़के फैलाई थी, चम्पिया की माँ के आँगन में रात-भर बिजली-बत्ती भुकभुकाती थी! चम्पिया की माँ के आँगन में, नाकवाले जूते की छाप घोड़े की टाप की तरह!...जलो, जलो! और जलो! चम्पिया की माँ के आँगन में चाँदी-जैसे पाट सूखते देखकर जलनेवाली सब औरतें खलिहान पर सोनोली धान के बोझों को देखकर बैंगन का भुर्ता हो जाएँगी।

मिट्टी के बरतन से टपकते हुए छोवा-गुड़ को उँगलियों से चाटती हुई चम्पिया आई और माँ के तमाचे खाकर चीख पड़ी—"मुझे क्यों मारती है ए-ए-ए! सहुआइन जल्दी से सौदा नहीं देती है-एँ-एँ-एँ-एँ!"

"सहुआइन जल्दी सौदा नहीं देती की नानी! एक सहुआइन की ही दुकान पर मोती झरते हैं, जो जड़ गाड़कर बैठी हुई थी! बोल, गले पर लात देकर कल्ला तोड़ दूँगी हरजाई, जो फिर कभी 'बाजे न मुरलिया' गाते सुना! चाल सीखने जाती है टीशन की छोकरियों से!"

बिरजू की माँ ने चुप होकर अपनी आवाज अन्दाजी कि उसकी बात जंगी के झोंपड़े तक साफ-साफ पहुँच गई होगी।

बिरजू बीती हुई बातों को भूलकर उठ खड़ा हुआ था और धूल झाड़ते हुए बरतन से टपकते गुड़ को ललचाई निगाह से देखने लगा था।...दीदी के साथ वह भी दुकान जाता तो दीदी उसे भी गुड़ चटाती, जरूर! वह शकरकन्द के लोभ में रहा और माँगने पर माँ ने शकरकन्द के बदले...

"ऐ मैया, एक अँगुली गुड़ दे दे! बिरजू ने तलहथी फैलाई—"दे ना मैया, एक रत्ती-भर!"

"एक रत्ती क्यों, उठाके बरतन को फेंक आती हूँ पिछवाड़े में; जाके चाटना! नहीं बनेगी मीठी रोटी!...मीठी रोटी खाने का मुँह होता है!" बिरजू की माँ ने उबले शकरकन्द का सूप रोती हुई चम्पिया के सामने रखते हुए कहा, "बैठके छिलके उतार, नहीं तो अभी...!"

दस साल की चम्पिया जानती है, शकरकन्द छीलते समय कम-से-कम बारह बार माँ उसे बाल पकड़कर झकझोरेगी, छोटी-छोटी खोट निकालकर

गालियाँ देगी—'पाँव फैलाके क्यों बैठी है उस तरह, बेलज्जी!' चम्पिया माँ के गुस्से को जानती है।

बिरजू ने इस मौके पर थोड़ी-सी खुशामद करके देखा—"मैया, मैं भी बैठकर शकरकन्द छीलूँ?"

"नहीं!" माँ ने झिड़की दी, "एक शकरकन्द छीलेगा और तीन पेट में! जाके सिद्धू की बहू से कहो, एक घंटे के लिए कड़ाही माँगकर ले गई तो फिर लौटाने का नाम नहीं। जा जल्दी!"

मुँह लटकाकर आँगन से निकलते-निकलते बिरजू ने शकरकन्द और गुड़ पर निगाह दौड़ाई। चम्पिया ने अपने झबरे केश की ओट से माँ की ओर देखा और नजर बचाकर चुपके से बिरजू की ओर एक शकरकन्द फेंक दिया।...बिरजू भागा।

"सूरज भगवान डूब गए। दीया-बत्ती की बेला हो गई। अभी तक गाड़ी..."

चम्पिया बीच में ही बोल उठी—"कोयरीटोले में किसी ने गाड़ी नहीं दी मैया! बप्पा बोले, माँ से कहना सब ठीक-ठाक करके तैयार रहें। मलदहियाटोली के मियाँजान की गाड़ी लाने जा रहा हूँ।"

सुनते ही बिरजू की माँ का चेहरा उतर गया। लगा, छाते की कमानी उतर गई घोड़े से अचानक। कोयरीटोले में किसी ने गाड़ी मँगनी नहीं दी! तब मिल चुकी गाड़ी! जब अपने गाँव के लोगों की आँख में पानी नहीं तो मलदहियाटोली के मियाँजान की गाड़ी का क्या भरोसा! न तीन में, न तेरह में! क्या होगा शकरकन्द छीलकर! रख दे उठाके!...यह मर्द नाच दिखाएगा! बैलगाड़ी पर चढ़कर नाच दिखाने ले जाएगा! चढ़ चुकी बैलगाड़ी पर, देख चुकी जी-भर नाच...पैदल जानेवाली सब पहुँचकर पुरानी हो चुकी होंगी।

बिरजू छोटी कड़ाही सिर पर औंधाकर वापस आया—"देख दिदिया मलेटरी टोपी! इस पर दस लाठी मारने से भी कुछ नहीं होता।"

चम्पिया चुपचाप बैठी रही, कुछ बोली नहीं, जरा-सी मुस्कराई भी नहीं। बिरजू ने समझ लिया, मैया का गुस्सा अभी उतरा नहीं है पूरे तौर से।

मढ़ैया के अन्दर से बागड़ को बाहर भगाती हुई बिरजू की माँ बड़बड़ाई—"कल ही पँचकौड़ी कसाई के हवाले करती हूँ राकस तुझे! हर चीज

में मुँह लगाएगा। चम्पिया, बाँध दे बगड़ा को। खोल दे गले की घंटी? हमेशा टुनुर-टुनुर! मुझे जरा नहीं सुहाता है!"

'टुनुर-टुनुर' सुनते ही बिरजू को सड़क से जाती हुई बैलगाड़ियों की याद हो आई–"अभी बबुआनटोले की गाड़ियाँ नाच देखने जा रही थीं... झुनुर-झुनुर बैलों की झुनकी, तुमने सु..."

"बेसी बक-बक मत करो!" बागड़ के गले से झुनकी खोलती बोली चम्पिया।

"चम्पिया, डाल दे चूल्हे में पानी! बप्पा आवे तो कहना कि अपने उड़नजहाज पर चढ़कर नाच देख आएँ! मुझे नाच देखने का सौख नहीं!... मुझे जगइयो मत कोई! मेरा माथा दुख रहा है।"

मढ़ैया के ओसारे पर बिरजू ने फिसफिसाके पूछा, "क्यों दिदिया, नाच में उड़नजहाज भी उड़ेगा?"

चटाई पर कथरी ओढ़कर बैठती हुई चम्पिया ने बिरजू को चुपचाप अपने पास बैठने का इशारा किया, मुफ्त में मार खाएगा बेचारा!

बिरजू ने बहन की कथरी में हिस्सा बाँटते हुए चुक्की-मुक्की लगाई। जाड़े के समय इस तरह घुटने पर ठुड्डी रखकर चुक्की-मुक्की लगाना सीख चुका है वह। उसने चम्पिया के कान के पास मुँह ले जाकर कहा, "हम लोग नाच देखने नहीं जाएँगे?...गाँव में एक पंछी भी नहीं है। सब चले गए।"

चम्पिया को अब तिल-भर भी भरोसा नहीं। संझा तारा डूब रहा है। बप्पा अभी तक गाड़ी लेकर नहीं लौटे।...एक महीना पहले से ही मैया कहती थी, बलरामपुर के नाच के दिन मीठी रोटी बनेगी; चम्पिया छींट की साड़ी पहनेगी; बिरजू पैंट पहनेगा बैलगाड़ी पर चढ़कर...

चम्पिया की भीगी पलकों पर एक बूँद आँसू आ गया।

बिरजू का भी दिल भर आया। उसने मन-ही-मन इमली पर रहनेवाले जिन बाबा को एक बैंगन कबूला, गाछ का सबसे पहला बैंगन, उसने खुद जिस पौधे को रोपा है!...जल्दी से गाड़ी लेकर बप्पा को भेज दो, जिनबाबा!

मढ़ैया के अन्दर बिरजू की माँ चटाई पर पड़ी करवटें ले रही थी। उँह, पहले से किसी बात का मनसूबा नहीं बाँधना चाहिए किसी को! भगवान ने मनसूबा तोड़ दिया। उसको सबसे पहले भगवान से पूछना है, यह किस चूक

का फल, दे रहे हो भोला बाबा! अपने जानते उसने किसी देवता-पित्तर की मान-मनौती बाकी नहीं रखी। सर्वे के समय जमीन के लिए जितनी मनौतियाँ की थीं...ठीक ही तो! महाबीर जी का रोट तो बाकी ही है। हाय रे दैव!... भूल-चूक माफ करो महाबीर बाबा! मनौती दूनी करके चढ़ाएगी बिरजू की माँ!...

बिरजू की माँ के मन में रह-रहकर जंगी की पुतोहू की बातें चुभती हैं भक्-भक् बिजली-बत्ती!...चोरी-चमारी करनेवाले की बेटी-पुतोहू जलेगी नहीं! पाँच बीघा जमीन क्या हासिल की है बिरजू के बप्पा ने, गाँव की भाईखौकियों की आँखों में किरकिरी पड़ गई है। खेत में पाट लगा देखकर गाँव के लोगों की छाती फटने लगी; धरती फोड़कर पाट लगा है; बैशाखी बादलों की तरह उमड़ते आ रहे हैं पाट के पौधे! तो अलान, तो फलान! इतनी आँखों की धार भला फसल सहे! जहाँ पन्द्रह मन पाट होना चाहिए, सिर्फ दस मन पाट काँटा पर तौलके ओजन हुआ रब्बी भगत के यहाँ।...

इसमें जलने की क्या बात है भला!...बिरजू के बप्पा ने तो पहले ही कुर्माटोली के एक-एक आदमी को समझाके कहा, 'जिन्दगी-भर मजदूरी करते रह जाओगे। सर्वे का समय आ रहा है, लाठी कड़ी करो तो दो-चार बीघे जमीन हासिल कर सकते हो।' सो गाँव की किसी पुतखौकी का भतार सर्वे के समय बाबूसाहेब के खिलाफ खाँसा भी नहीं।...बिरजू के बप्पा को कम सहना पड़ा है! बाबूसाहेब गुस्से से सरकस नाच के बाघ की तरह हुमड़ते रह गए। उनका बड़ा बेटा घर में आग लगाने की धमकी देकर गया।...आखिर बाबूसाहेब ने अपने सबसे छोटे लड़के को भेजा। बिरजू की माँ को 'मौसी' कहके पुकारा—'यह जमीन बाबूजी ने मेरे नाम से खरीदी थी। मेरी पढ़ाई-लिखाई उसी जमीन की उपज से चलती है।'...और भी कितनी बातें। खूब मोहना जानता है उत्ता जरा-सा लड़का। जमींदार का बेटा है कि...

चम्पिया, बिरजू सो गया क्या? यहाँ आ जा बिरजू, अन्दर। तू ही आ जा, चम्पिया!...भला आदमी आए तो एक बार आज!

बिरजू के साथ चम्पिया अन्दर चली गई।

"ढिबरी बुझा दे।...बप्पा बुलाएँ तो जवाब मत देना। खपच्ची गिरा दे।"

भला आदमी रे, भला आदमी! मुँह देखो जरा इस मर्द का!...बिरजू की माँ दिन-रात मंझा न देती रहती तो ले चुके थे जमीन! रोज आकर माथा पकड़के बैठ जाएँ, 'मुझे जमीन नहीं लेनी है बिरजू की माँ, मजूरी ही अच्छी।'...जवाब देती थी बिरजू की माँ खूब सोच-समझके, 'छोड़ दो, जब तुम्हारा कलेजा ही थिर नहीं होता है तो क्या होगा! जोरू-जमीन जोर के, नहीं तो किसी और के!...

बिरजू के बाप पर बहुत तेजी से गुस्सा चढ़ता है। चढ़ता ही जाता है।...बिरजू की माँ का भाग ही खराब है, जो ऐसा गोबरगनेश घरवाला उसे मिला। कौन-सा सौख-मौज दिया है उसके मर्द ने! कोल्हू के बैल की तरह खटकर सारी उम्र काट दी इसके यहाँ, कभी एक पैसे की जलेबी भी लाकर दी है उसके खसम ने!...पाट का दाम भगत के यहाँ से लेकर बाहर-ही-बाहर बैल-हट्टा चले गए। बिरजू की माँ को एक बार नमरी लोट देखने भी नहीं दिया आँख से!...बैल खरीद लाए। उसी दिन से गाँव में ढिंढोरा पीटने लगे, बिरजू की माँ इस बार बैलगाड़ी पर चढ़कर जाएगी नाच देखने!...दूसरे की गाड़ी के भरोसे नाच दिखाएगा!...

अन्त में उसे अपने-आप पर क्रोध ही आया। वह खुद भी कुछ कम नहीं! उसकी जीभ में आग लगे! बैलगाड़ी पर चढ़कर नाच देखने की लालसा किस कुसमय में उसके मुँह से निकली थी, भगवान जानें! फिर आज सुबह से दोपहर तक, किसी-न-किसी बहाने उसने अठारह बार बैलगाड़ी पर नाच देखने की चर्चा छेड़ी है।...लो, खूब देखो नाच! वाह रे नाच! कथरी के नीचे दुशाले का सपना!...कल भोरे पानी भरने के लिए जब जाएगी, पतली जीभवाली पतुरिया सब हँसती आएँगी, हँसती जाएँगी।...सभी जलते हैं उससे, हाँ भगवान दाढ़ीजार भी!...दो बच्चों की माँ होकर भी वह जस-की-तस है। उसका घरवाला उसकी बात में रहता है। वह बालों में गरी का तेल डालती है। उसकी अपनी जमीन है। है किसी के पास एक धूर जमीन भी अपनी इस गाँव में! जलेंगे नहीं, तीन बीघे में धान लगा हुआ है, अगहनी, लोगों की बिखदीठ से बचें, तब तो!

बाहर बैलों की घंटियाँ सुनाई पड़ीं। तीनों सतर्क हो गए। उत्कर्ण होकर सुनते रहे।

"अपने ही बैलों की घंटी है, क्यों री चम्पिया?"

चम्पिया और बिरजू ने प्रायः एक ही साथ कहा, "हूँ-ऊँ-ऊँ!"

"चुप!" बिरजू की माँ ने फिसफिसाकर कहा, "शायद गाड़ी भी है, घड़घड़ाती है न?"

"हूँ-ऊँ-ऊँ!" दोनों ने फिर हुँकारी भरी।

"चुप! गाड़ी नहीं है। तू चुपके से टट्टी में छेद करके देख तो आ चम्पी! भागके आ, चुपके-चुपके।"

चम्पिया बिल्ली की तरह हौले-हौले पाँव से टट्टी के छेद से झाँक आई–"हाँ मैया, गाड़ी भी है!"

बिरजू हड़बड़ाकर उठ बैठा। उसकी माँ ने उसके हाथ पकड़कर सुला दिया–"बोलो मत!"

चम्पिया भी गुदड़ी के नीचे घुस गई।

बाहर बैलगाड़ी खोलने की आवाज हुई। बिरजू के बाप ने बैलों को जोर से डाँटा–"हाँ-हाँ! आ गए घर!" घर आने के लिए छाती फटी जाती थी!"

बिरजू की माँ ताड़ गई, जरूर मलदहियाटोली में गाँजे की चिलम चढ़ रही थी, आवाज तो बड़ी खनखनाती हुई निकल रही है।

"चम्पिया-ह!" बाहर से ही पुकारकर कहा उसके बाप ने, "बैलों को घास दे दे, चम्पिया-ह!"

अन्दर से कोई जवाब नहीं आया। चम्पिया के बाप ने आँगन में आकर देखा तो न रोशनी, न चिराग, न चूल्हे में आग।...बात क्या है! नाच देखने, उतावली होकर, पैदल ही चली गई क्या...!

बिरजू के गले में खसखसाहट हुई और उसने रोकने की पूरी कोशिश भी की, लेकिन खाँसी जब शुरू हुई तो पूरे पाँच मिनट तक वह खाँसता रहा।

"बिरजू! बेटा बिरजमोहन!" बिरजू के बाप ने पुचकारकर बुलाया, "मैया गुस्से के मारे सो गई क्या?...अरे अभी तो लोग जा ही रहे हैं।"

बिरजू की माँ के मन में आया कि कसकर जवाब दे, नहीं देखना नाच! लौटा दो गाड़ी!

"चम्पिया-ह! उठती क्यों नहीं? ले, धान की पँचसीस रख दे।" धान

की बालियों का छोटा झब्बा झोंपड़े के ओसारे पर रखकर उसने कहा, "दीया बालो!"

बिरजू की माँ उठकर ओसारे पर आई—"डेढ़ पहर रात को गाड़ी लाने की क्या जरूरत थी? नाच तो अब खत्म हो रहा होगा।"

ढिबरी की रोशनी में धान की बालियों का रंग देखते ही बिरजू की माँ के मन का सब मैल दूर हो गया।...धानी रंग उसकी आँखों से उतरकर रोम-रोम में घुल गया।

"नाच अभी शुरू भी नहीं हुआ होगा। अभी-अभी बलरामपुर के बाबू की सम्पनी गाड़ी मोहनपुर होटिल-बँगला से हाकिम साहब को लाने गई है। इस साल आखिरी नाच है।...पँचसीस टट्टी में खोंस दे, अपने खेत का है।"

"अपने खेत का?" हुलसती हुई बिरजू की माँ ने पूछा, "पक गए धान?"

"नहीं, दस दिन में अगहन चढ़ते-चढ़ते लाल होकर झुक जाएँगी सारे खेत की बालियाँ।...मलदहियाटोली पर जा रहा था, अपने खेत में धान देखकर आँखें जुड़ा गईं। सच कहता हूँ, पँचसीस तोड़ते समय उँगलियाँ काँप रही थीं मेरी!"

बिरजू ने धान की एक बाली से एक धान लेकर मुँह में डाल लिया और उसकी माँ ने एक हल्की डाँट दी—"कैसा लुक्कड़ है तू रे!...इन दुश्मनों के मारे कोई नेम-धरम जो बचे!"

"क्या हुआ, डाँटती क्यों है?"

"नवान्न के पहले ही नया धान जुठा दिया, देखते नहीं?"

"अरे, इन लोगों का सबकुछ माफ है। चिरई-चुरमुन हैं ये लोग!"

"दोनों के मुँह में नवान्न के पहले नया अन्न न पड़े।"

इसके बाद चम्पिया ने भी धान की बाली से दो धान लेकर दाँतों तले दबाया—"ओ मैया! इतना मीठा चावल!"

"और गमकता भी है न दिदिया?" बिरजू ने फिर मुँह में धान लिया।

"रोटी-पोटी तैयार कर चुकी क्या!" बिरजू के बाप ने मुस्कराकर पूछा।

"नहीं!" मान-भरे सुर में बोली बिरजू की माँ, "जाने का ठीक-ठिकाना नहीं...और रोटी बनती है!"

"वाह! खूब हो तुम लोग!...जिसके पास बैल है, उसे गाड़ी मँगनी नहीं मिलेगी भला? गाड़ीवालों को भी बैल की कभी कमी होगी।...पूछूँगा तब कोयरीटोलावालों से!...ले! जल्दी से रोटी बना ले।"

"देर नहीं होगी!"

"अरे, टोकरी-भर रोटी तो तू पलक मारते बना लेती है; पाँच रोटियाँ बनने में कितनी देर लगेगी!"

अब बिरजू की माँ के होंठों पर मुस्कराहट खुलकर खिलने लगी। उसने नजर बचाकर देखा, बिरजू का बप्पा उसकी ओर एकटक निहार रहा है।... चम्पिया और बिरजू न होते तो मन की बात हँसकर खोलते देर न लगती। चम्पिया और बिरजू ने एक-दूसरे को देखा और खुशी से उनके चेहरे जगमगा उठे–"मैया बेकार गुस्सा हो रही थी न!"

"चम्पी! जरा घैलसार में खड़ी होकर मखनी फुआ को आवाज दे तो!"

"ऐ फूआ-आ! सुनती हो फूआ-आ! मैया बुला रही है!"

फुआ ने कोई जवाब नहीं दिया, किन्तु उसकी बड़बड़ाहट स्पष्ट सुनाई पड़ी–"हाँ! अब फुआ को क्यों गुहारती है? सारे टोले में बस एक फुआ ही तो बिना नाथ-पगहियावाली है।"

"अरी फुआ!" बिरजू की माँ ने हँसकर जवाब दिया, "उस समय बुरा मान गई थी क्या? नाथ-पगहियावाले को आकर देखो, दोपहर रात में गाड़ी लेकर आया है! आ जाओ फुआ, मैं मीठी रोटी पकाना नहीं जानती।"

फुआ काँखती-खाँसती आई–"इसी से घड़ी-पहर दिन रहते ही पूछ रही थी कि नाच देखने जाएगी क्या? कहती, तो मैं पहले से ही अपनी अँगीठी यहाँ सुलगा जाती।"

बिरजू की माँ ने फुआ को अँगीठी दिखला दी और कहा, "घर में अनाज-दाना वगैरह तो कुछ है नहीं। एक बागड़ है और कुछ बरतन-बासन। सो रात-भर के लिए यहाँ तम्बाकू रख जाती हूँ। अपना हुक्का ले आई हो न फुआ?"

फुआ को तम्बाकू मिल जाए, तो रात-भर क्या, पाँच रात बैठकर जाग सकती है। फुआ ने अँधेरे में टटोलकर तम्बाकू का अन्दाज किया।...ओ-हो! हाथ खोलकर तम्बाकू रखा है बिरजू की माँ ने! और एक वह है सहुआइन!

राम कहो! उस रात को अफीम की गोली की तरह एक मटर-भर तम्बाकू रखकर चली गई गुलाब-बाग मेले और कह गई कि डिब्बी-भर तम्बाकू है।

बिरजू की माँ चूल्हा सुलगाने लगी। चम्पिया ने शकरकन्द को मसलकर गोले बनाए और बिरजू सिर पर कड़ाही औंधाकर अपने बाप को दिखलाने लगा–"मलेटरी टोपी! इस पर दस लाठी मारने से भी कुछ नहीं होगा!"

सभी ठठाकर हँस पड़े। बिरजू की माँ हँसकर बोली, "ताखे पर तीन-चार मोटे शकरकन्द हैं, दे दे बिरजू को चम्पिया, बेचारा शाम से ही..."

"बेचारा मत कहो मैया, खूब सचारा है!" अब चम्पिया चहकने लगी, "तुम क्या जानो, कथरी के नीचे मुँह क्यों चल रहा था बाबू साहब का!"

"ही-ही-ही!"

बिरजू के टूटे दूध के दाँतों की फाँक से बोली निकली, "बिलैकमारटिन में पाँच शकरकन्द खा लिया! हा-हा-हा!"

सभी फिर ठठाकर हँस पड़े। बिरजू की माँ ने फुआ का मन रखने के लिए पूछा, "एक कनवाँ गुड़ है। आधा दूँ फुआ?"

फुआ ने गद्‌गद होकर कहा, "अरी शकरकन्द तो खुद मीठा होता है, उतना क्यों डालेगी?"

जब तक दोनों बैल दाना-घास खाकर एक-दूसरे की देह को जीभ से चाटें, बिरजू की माँ तैयार हो गई। चम्पिया ने छींट की साड़ी पहनी और बिरजू बटन के अभाव में पैंट पर पटसन की डोरी बँधवाने लगा।

बिरजू की माँ ने आँगन से निकल गाँव की ओर कान लगाकर सुनने की चेष्टा की–"उँहुँ, इतनी देर तक भला पैदल जानेवाले रुके रहेंगे?"

पूर्णिमा का चाँद सिर पर आ गया है।...बिरजू की माँ ने असली रूपा का मँगटीक्का पहना है आज, पहली बार। बिरजू के बप्पा को हो क्या गया है, गाड़ी जोतता क्यों नहीं, मुँह की ओर एकटक देख रहा है, मानो नाच की लाल पान की...

गाड़ी पर बैठते ही बिरजू की माँ की देह में एक अजीब गुदगुदी लगने लगी। उसने बाँस की बल्ली को पकड़कर कहा, "गाड़ी पर अभी बहुत जगह है।...जरा दाहिनी सड़क से गाड़ी हाँकना।"

बैल जब दौड़ने लगे और पहिया जब चूँ-चूँ करके घरघराने लगा तो बिरजू से नहीं रहा गया—"उड़नजहाज की तरह उड़ाओ बप्पा!"

गाड़ी जंगी के पिछवाड़े पहुँची। बिरजू की माँ ने कहा, "जरा जंगी से पूछो न, उसकी पुतोहू नाच देखने चली गई क्या?"

गाड़ी के रुकते ही जंगी के झोंपड़े से आती हुई रोने की आवाज स्पष्ट हो गई। बिरजू के बप्पा ने पूछा, "अरे जंगी भाई, काहे कन्ना-रोहट हो रहा है आँगन में?"

जंगी घूर ताप रहा था, बोला, "क्या पूछते हो, रंगी बलरामपुर से लौटा नहीं, पुतोहिया नाच देखने कैसे जाए! आसरा देखते-देखते उधर गाँव की सभी औरतें चली गईं।"

"अरी टीशनवाली, तो रोती है काहे!" बिरजू की माँ ने पुकारकर कहा, "आ जा झट से कपड़ा पहनकर। सारी गाड़ी पड़ी हुई है! बेचारी!...आ जा जल्दी!"

बगल के झोंपड़े से राधे की बेटी सुनरी ने कहा, "काकी, गाड़ी में जगह है? मैं भी जाऊँगी।"

बाँस की झाड़ी के उस पार लरेना खवास का घर है। उसकी बहू भी नहीं गई। गिलट का झुनकी-कड़ा पहनकर झमकती आ रही है।

"आ जा! जो बाकी रह गई हैं, सब आ जाएँ जल्दी!"

जंगी की पुतोहू, लरेना की बीवी और राधे की बेटी सुनरी, तीनों गाड़ी के पास आईं। बैल ने पिछला पैर फेंका। बिरजू के बाप ने एक भद्दी गाली दी—"साला! लताड़ मारकर लँगड़ी बनाएगा पुतोहू को!"

सभी ठठाकर हँस पड़े। बिरजू के बाप ने घूँघट में झुकी दोनों पुतोहुओं को देखा। उसे अपने खेत की झुकी हुई बालियों की याद आ गई।

जंगी की पुतोहू का गौना तीन ही मास पहले हुआ है। गौने की रंगीन साड़ी से कड़वे तेल और लठवा-सिन्दूर की गन्ध आ रही है। बिरजू की माँ को अपने गौने की याद आई। उसने कपड़े की गठरी से तीन मीठी रोटियाँ निकालकर कहा, "खा ले एक-एक करके। सिमराहा के सरकारी कूप में पानी पी लेना।"

गाड़ी गाँव से बाहर होकर धान के खेतों के बगल से जाने लगी।

चाँदनी, कातिक की!...खेतों से धान के झरते फूलों की गन्ध आती है। बाँस की झाड़ी में कहीं दुद्धी की लता फूली है। जंगी की पुतोहू ने एक बीड़ी सुलगाकर बिरजू की माँ की ओर बढ़ाई। बिरजू की माँ को अचानक याद आई चम्पिया, सुनरी, लरेना की बीवी और जंगी की पुतोहू, ये चारों ही तो गाँव में बैसकोप का गीत गाना जानती हैं...खूब!

गाड़ी की लीक धनखेतों के बीच होकर गई। चारों ओर गौने की साड़ी की खसखसाहट-जैसी आवाज होती है।...बिरजू की माँ के माथे के मँगटीक्के पर चाँदनी छिटकती है।

"अच्छा, अब एक बैसकोप का गीत गा तो चम्पिया!...डरती है काहे? जहाँ भूल जाओगी, बगल में मासटरनी बैठी ही है!"

दोनों पुतोहुओं ने तो नहीं, किन्तु चम्पिया और सुनरी ने खँखारकर गला साफ किया।

बिरजू के बाप ने बैलों को ललकारा—"चल भैया! और जरा जोर से!...गा रे चम्पिया, नहीं तो मैं बैलों को धीरे-धीरे चलने को कहूँगा।"

जंगी की पुतोहू ने चम्पिया के कान के पास घूँघट ले जाकर कुछ कहा और चम्पिया ने धीमे-से शुरू किया—"चन्दा की चाँदनी..."

बिरजू को गोद में लेकर बैठी उसकी माँ की इच्छा हुई कि वह भी साथ-साथ गीत गाए। बिरजू की माँ ने जंगी की पुतोहू की ओर देखा, धीरे-धीरे गुनगुना रही है वह भी। कितनी प्यारी पुतोहू है! गौने की साड़ी से एक खास किस्म की गन्ध निकलती है। ठीक ही तो कहा है उसने! बिरजू की माँ बेगम है, लाल पान की बेगम! यह तो कोई बुरी बात नहीं। हाँ, वह सचमुच लाल पान की बेगम है!

बिरजू की माँ ने अपनी नाक पर दोनों आँखों को केन्द्रित करने की चेष्टा करके अपने रूप की झाँकी ली, लाल साड़ी की झिलमिल किनारी, मँगटीक्का पर चाँद।...बिरजू की माँ के मन में अब और कोई लालसा नहीं। उसे नींद आ रही है।

तीन बिन्दियाँ

गीताली दास अपने को सुरजीवी कहती है। नाद-सुर-ताल आदि के सहारे ही वह इस मंजिल तक पहुँच सकी है। सभी कहते हैं, उसकी साधना सफल हुई है।...कितने भोले और बेचारे होते हैं लोग! साधना के सफल-असफल होने की घोषणा करनेवालों से वह पूछना चाहती है, सफल साधना का कोई सीधा-सा अर्थ। यह ठीक है कि अनेक असांगीतिक वातावरणों को गीताली ने अपने सुनहले सुर और सुगम गीतों से संगीतमय कर दिया है, कि

किसी भी संगीत-समारोह या सांस्कृतिक प्रतिष्ठान के संयोजक आज भी गीताली के नाम पर गीत-प्रेमियों को बटोर लेते हैं!...किन्तु, और कितने दिन? 'मीताली दी' की सफल साधना का क्या हुआ? गीताली ने अपनी बड़ी दीदी मीताली की गलतियों से लाभ उठाया है।...

विशुद्ध (?) ठुमरी गायिका मीताली की सफल जिन्दगी के महज चौबीस महीनों के सामने अपने सुर-जीवन के 'रोल' किए हुए—परिपाटी से मुड़े हुए—अंश को खोलती है, धीरे-धीरे! नौ वर्ष? एक सौ आठ महीने कम नहीं!...

गीताली आजकल अक्सर अपने मन में उत्पन्न होनेवाले सहायक नाद का विश्लेषण करती है।...सहायक नाद! जिसको ओवरटोन कहते हैं। नाद कभी अकेला उत्पन्न नहीं होता। उसके साथ-साथ अन्य नादों का भी जन्म होता है। उस स्वर को हम सुन पाएँ अथवा नहीं, मूल नाद से उत्पन्न होनेवाले इन नादों को सहायक नाद कहा जाता है। स्वयं ही जन्म लेने के कारण इन्हें स्वयम्भू स्वर भी कहते हैं। गीताली ने इन्हीं स्वरों की सहायता से सिद्धि और प्रसिद्धि प्राप्त की है; प्रार्थना के सुर में हरदम बजती हुई जिन्दगी के सुर-ताल की सीमा से कभी बाहर नहीं गई। सीमा को विस्तृत अवश्य किया उसने।... लेकिन इधर कुछ दिनों से उसको भय होने लगा है। गीत गाते समय, मूर्त होते हुए राग एकाध बार अस्पष्टतर भी हुए हैं।...

...हुँ-ह-हुँ-हूँ-हूँ-हूँ...जीवन हुआ है एक प्रार्थना-गीत की त-र-ह!

इस जिन्दगी के कुछ अंश को काट लेती है गीताली, टुकड़े-टुकड़े करती है, मसल डालती है। फिर, चूर्ण-विचूर्ण क्षणों की सुर-कणिकाओं को सहायक नाद की सहायता से परखती है। डॉट-डॉट-डॉट! गीताली इन नन्ही-नन्ही तीन बिन्दियों को, आँखों के सामने शून्य में उभरनेवाली छोटी-छोटी तारिकाओं को, अब अच्छी निगाह से देखती है; पहचानती है इस शुभ चिन्ह को!...

गीताली सुरजीवी है, किन्तु साहित्य-जगत की साधना और प्रगति का भी थोड़ा ज्ञान रखती है। उसके जीजाजी (जमाय बाबू!) अपने को अवसर की ताक में बैठा हुआ, किसी भी दिन प्रसिद्ध हो जानेवाला, प्रच्छन्न आलोचक मानते हैं टाइम-बोमा!...टाइम-बोमा ना आलू-बोमा! गरम आलू-चॉप प्लेट में लेकर जीजाजी के कमरे में गई थी वह। सुदर्शना-अदर्शना भी साथ

थीं। दुष्टता-भरी हँसी को जब्त करके गम्भीर होने की चेष्टा करती हुई गीताली ने कहा था, "देखिए जमाय बाबू, यह आलू का बोमा यानी बम है! आलू के भुर्ते के शेल में हरे चने के दाने बन्द हैं।...विशुद्ध घी में मर्जित इन अविस्फोटक बमों के फटने का नहीं, जुड़ाने का अवसर उपस्थित हो रहा है।...अब तक, यह भी आलू के रूप में ताक लगाकर बैठा था।"

शैतान सुदर्शना मुँह बनाकर बोली थी, "न-न आलू मत कहो। जमाय बाबू तो अवसर पाते ही टूटने वाले हिंस्र प्राणी हो सकते हैं। शिकार सामने आया कि...।" हो-हो-हो! जमाय बाबू भी हँसे थे। किन्तु दीदी बुरा मान गई थी।...जो भी हो, जमाय बाबू की किताब खरीदने की विचित्र आदत से गीताली और उसकी सखियाँ सुदर्शना-अदर्शना भी खूब लाभान्वित हुई थीं। कथा-साहित्य की अच्छी-बुरी पोथियाँ पढ़ने को मिल जाती थीं।...

आधुनिक कथा-साहित्य में एक वर्ग डॉटवादियों का भी है। डॉट-डॉट-डॉट! अब तक उठा नहीं है, किन्तु प्रश्न किसी भी दिन उठ सकता है कि ऐसी डॉटमयी रचनाओं के रचयिताओं के दिमाग में सिर्फ डॉट-ही-डॉट तो नहीं! दिमाग की जगह, मछली के असंख्य अंडों की थैली तो नहीं?...साधारण पाठक अधिकांश ऐसी बिन्दी-बूटेदार रचनाओं को भली नजर से नहीं देखते। सारी किताब में, पृष्ठ और पंक्ति में यत्र-तत्र सरसों के दाने की तरह बिखरी हुई बिन्दियों के बाहुल्य से पाठकों की आँखें किर-किराने लगती हैं!...

गीताली इन बिन्दियों को अलख-मुखर-जगत् की खिड़की समझती है, तीन गोल-गोल लाल काँचवाली। अन्दर प्रकाश होता है, अलख-मुखर-जगत् का व्यापार शुरू हुआ।...

तीन बिन्दियों के सहारे अप्रासंगिक प्रसंगों और असंलग्न मुहूर्तों को रूपायित करनेवाले, किसी अन्य जगत् की हल्की छवि दिखानेवाले, प्याज के छिलके उतारनेवाले, ऐसे किसी शब्द-शिल्पी से कभी भेंट हो तो गीताली कहेगी–'मानो या न मानो; हैं ये सहायक नाद के चिन्ह!' पूछेगी, 'इस ओवरटोन या सहायक नादों की सृष्टि स्वयं ही नहीं होती क्या! मन की अनगिन खिड़कियों से झाँकनेवाले चेहरे खुद नहीं बोलते क्या?...बात बोलेगी, मैं नहीं। राज खोलेगी बात ही।'...किसी शिल्पी का जवाब, गीताली के मन-बन में कौन पाखी रट रहा है!...

ठुमरी

गीताली को हठात् मिस्त्री हाराधन यन्त्रकार की याद आई। कई मुखड़ों के उभरने और बिलाने के बाद डॉट-डॉट-डॉट! फिर मिस्त्री हाराधन यन्त्रकार का एक तैलचित्र लटक गया उसके मन की दीवार पर।...न जाने यन्त्रकारजी कहाँ हैं! गीताली अपने दोनों हाथों को जोड़कर शून्य में एक नमस्कार करती है।

जिन्दगी के इर्द-गिर्द झंकृत होनेवाले सहायक नादों से प्रथम साक्षात् परिचय मिस्त्री हाराधन यन्त्रकार ने ही करवा दिया था। मिस्त्री नहीं, गुरु मानती है हाराधन यन्त्रकार को। यन्त्रकारजी के मन्त्र-बल से ही गीत-पागल हुई।...जानती है खुकी, सफल शिकारी होने के लिए आदमी को सभी किस्म के शिकारियों से दीक्षा लेनी होती है; शेर-भालू के शिकारियों से लेकर व्याध-लुब्धक और सँपेरों की भी संगति करनी होती है। यन्त्रकार कहो, मिस्त्री कहो या कारीगर, तुम मेरी नातिन की उम्र की हो। नाना की बात सुनोगी?...यन्त्र के सहारे ही सहायक नादों की पाँच हजार आन्दोलनयुक्त ध्वनियों की बारीकियों का उपभोग कर सकोगी। सदा ध्वनित होनेवाले जाने-अनजाने सुर में तुम्हारे जीवन का प्रत्येक क्षण मुखरित हो उठेगा।...

अलख-मुखर-जगत् में दस वर्ष पूर्व की बातें मुखरित हो रही हैं।...

सुर-मन्दिर के मैनेजर को कटुवचन को बाध्य हो गई थी गीताली '...शहर की सबसे पुरानी और निभर-योग्य बाजे की दुकान की यह हालत एक ही सप्ताह में तीन बार तानपूरा ठीक करवाकर ले गई, फिर जैसे-का-तैसा! गीत के बीच में ही साथ छोड़ देता है।...रोग क्या है, यह बतानेवाला कोई विशेषज्ञ नहीं आपके पास? तो सुर-मन्दिर कहूँ या असुर-मन्दिर?' मैनेजर का मुँह बेजान माइक की तरह गोल खुला रहा। गीताली तानपूरा लेकर सुर-मन्दिर की सीढ़ियों से उतर गई थी, फिर कभी न लौटने की प्रतिज्ञा करती हुई। एक-दो-तीन...!

"ओ दीदी, सुनेन, सुनेन!" कुछ दूर चलने के बाद, पीछे से पुकार सुनकर गीताली मुड़ी—एक नाटा-भूटा, गोल-मटोल लड़का लुढ़कता हुआ आ रहा है फुटपाथ पर। कौन है यह, किमाकार छोकरा? लड़के ने निकट आकर नमस्कार किया—"आप गीताली दी हैं? हैं न?...हें-हें, हें-हें, तानपूरा क्या, सुर-मन्दिर में सभी बाजों का गला इसी तरह घोंटा जाता है। जब से मिस्त्री

हाराधन यन्त्रकार सुर-मन्दिर को सलाम करके निकल गया है, सभी असुर ही रह गए हैं। आपने ठीक ही कहा है गीताली, दी!..."

गीताली ने देखा, लड़का अकाल-परिपक्व नहीं, किसी ग्रन्थि-विकार का शिकार है। बौना नहीं, नाटा और बगैर मूँछोंवाला घुघलू! उसने अपना नाम बताया–घुघलू!...असम की ओर कहीं जन्म हुआ। मिस्त्री हाराधन यन्त्रकार के साथ गत पन्द्रह-बीस वर्षों से है। कलकत्ते में सात-आठ साल, दो-तीन वर्ष इधर-उधर और यहाँ भी करीब पाँच-सात साल हुए।...

घुघलू ने बताया, "मिस्त्री हाराधन यन्त्रकार अब किसी की दुकान में काम नहीं करता; अपनी गली से बाहर कहीं आता-जाता नहीं। गली में क्या, अपने कमरे से बाहर निकलने की छुट्टी नहीं।" घुघलू ने कई नए-पुराने यन्त्रवादकों के नाम गिनाए–"जिन्हें जरूरत होती है, मिस्त्री हाराधन यन्त्रकार को खोजकर पहुँचते हैं, कलकत्ते से, लखनऊ से, काशी से।..."

गीताली तुरत राजी हो गई। घुघलू ने रिक्शेवाले को आवाज दी–"ए रिक्शावाला, महल्ला, दूधकूप चलेगा?"

महल्ला दूधकूप की एक गली में कुछ दूर जाने के बाद घुघलू एक खपरैल के घर के पास रुका। बन्द किवाड़ों के एक छेद में आँख लगाकर अन्दर के वातावरण का अन्दाज लगा लिया। फिर साँकल हिलाने लगा! अन्दर से किसी असन्तुष्टात्मा की खनखनाती हुई आवाज, बन्द किवाड़ों के छेदों से सुनाई पड़ी। अन्दर के व्यक्ति को बहुत-से प्रश्नों के उत्तर देकर कुछ सन्तुष्ट किया घुघलू ने। तब जाकर दरवाजा खुला। लगा, अन्दर के किसी व्यक्ति ने अपने कमरे से ही रस्सी खींचकर चटखनी खोल दी। घुघलू अन्दर गया। एक कर्कश झिड़की सुनाई पड़ी–"फिर किसको जुटा लाए, कहाँ से?..."

घुघलू की दबी आवाज से स्पष्ट था कि वह अनुनय के स्वर में कुछ कह रहा है–"मास्टर, ना, बलबेन ना।...उसके सब किए-किराए पर पानी फिर जाएगा।..."

बाहर खड़ी गीताली को घुघलू की यह घिघियाहट अच्छी नहीं लगी। लेकिन बेसुरे बाजे को लेकर क्या रियाज कर सकेगी! वह चुप रही। एक कुढ़ी आत्मा और विकृत चेहरेवाले अधेड़ ने दरवाजे से झाँककर पूछा, "क्या

हुआ?...सुर-मन्दिरवालों ने तेरह-ठो बजाय दिया है बाजा का! छोड़ जाओ, तीन दिन बाद आना।...वाह! इसका खोल तो खूब बहारदार है! यन्त्र का यत्न भी लेती है या...?"

गीताली चमत्कृत हुई थी हाराधन यन्त्रकार की बातचीत सुनकर। सधे हुए स्वर में बेकार कोई झनक कर्कशता की सृष्टि कर रही है। वह चुप ही रही। यन्त्रकार ने थोड़ी देर तक गीताली की मुद्रा को पढ़ने की चेष्टा की। फिर कहा, "क्या किन्तु-परन्तु सोच रही है खुकी?" यन्त्रकार का सुर कोमल हुआ, "दस मिनट का काम नहीं, बेसुरे को सुरवान बनाना।...आओ, अन्दर आओ!..."

हाराधन के कमरे में प्रवेश करके गीताली प्रसन्न हुई थी। दीवारों पर ग्रामोफोन रेकार्ड कम्पनी द्वारा प्रचारित भारत-प्रसिद्ध कलाविदों की तस्वीरें लटक रही थीं। एकाध प्रशंसा-पत्र अथवा सर्टीफिकेट की तरह की चीजें! फर्श पर विभिन्न वाद्य-यन्त्र बिखरे हुए थे।...रेडियो पर वाद्य-संगीत के कार्यक्रम में सरोदवादन हो रहा था। अकराम!...उदीयमान सरोदवादक अकराम, स्वरचित गत 'अर्चना के बोल' प्रस्तुत कर रहा था। रह-रहकर सरोद के तारों से शंख और घंटाध्वनि प्रतिध्वनित होती थी। हाराधन यन्त्रकार ने अपने छोटे, पुराने रेडियो-सेट की ओर उँगली दिखाकर कहा, "सुन रही हो? सात साल हुए अकराम के इस सरोद को। अभी तक जस-का-तस है। यन्त्र का यत्न माने यन्त्र की पूजा!"

हाराधन ने सितार, सरोद, सुरबहार, दिलरुबा, वीणा आदि के प्रसिद्ध वादकों के नाम लिए। गीताली स्वीकार करती है कि पाँच मिनट के परिचय में यन्त्रकार की बातों पर विश्वास नहीं जमा सकी थी। यन्त्रकार ने भाँप लिया। अपनी अटैची से कई नई-पुरानी चिट्ठियाँ निकालकर गीताली के सामने रखते हुए बोला, "पढ़ो तो!..."

कलकत्ता से भारत-प्रसिद्ध (स्वर्गीय) सितारवादक उस्ताद कादिर हुसैन का आत्मीयता से भरपूर एक खत पाँच साल पहले का : 'भाई हाराधन, तुम तो सचमुच हाराधन हो गए हो हमारे लिए।...मेरे यन्त्र को कुछ हो गया है, फिर जिस-तिस के हाथ में देने का साहस नहीं करता। जानता हूँ, तुम कलकत्ते नहीं आओगे। मैं ही आ रहा हूँ तुम्हारे पास।...'

रेडियो पर, तब, योगेन्द्र सूरी का वायलिन हेमन्त के राग-विस्तार की तैयारी कर रहा था।...कौन कहता है कि साज बेजान होते हैं!

गीताली मुग्ध होती गई। छोटे-बड़े सुरशिल्पियों और उस्तादों के प्यारे-प्यारे पत्रों ने, अकराम के 'अर्चना के बोल' ने, योगेन्द्र सूरी की वायलिन ने, घुघलू की गुरुभक्ति ने, सभी ने मिलकर गीताली के सामने मिस्त्री हाराधन यन्त्रकार की आत्मा की सच्ची तस्वीर उपस्थित कर दी।...

घुघलू स्टोव जलाकर चाय की तैयारी में व्यस्त था। बीच-बीच में अपने उस्ताद की बातों में टीप के बन्द की तरह अपनी राय टाँक देता–महादेवलालजी तबलिया हारा हैं, आदमी नहीं।...खाँ साहब तो दाता पीर ही थे; पाकेट के मुट्ठी-भर नोट निकालकर 'परबी' देते थे।...मुन्नूजी सरंगिया मुझसे बहुत नाराज हैं उस दिन से।...

घुघलू चाय दे गया। चाय की पहली चुस्की लेने के बाद हाराधन यन्त्रकार ने कहा, "यन्त्रकार कहो या कारीगर। बेसुरा नहीं कह सकता कोई।...यह तो अपने किए का फल भोग रहा हूँ खुकी! बेजान लकड़ी, तार तथा सूखे चमड़े पर सुर चढ़ाकर जीवन बिताने के सिवा और क्या चारा है अब? शापित जीवन बिता रहा हूँ।...तुम मेरी नातिन की उम्र की हो। विश्वास करोगी, मैं भी गाता था।...मेरी आवाज सुनकर हिरणों के झुंड दौड़े आते थे।..."

यन्त्रकार ने फिर अपनी अटैची के ढक्कन को उठाया। कुछ ढूँढ़ता हुआ बोला, "मैं जानता हूँ तुम विश्वास नहीं कर रही हो। खोलकर कहना होगा।...जीबछपुर स्टेट के राजा जीवत्सनारायण देवज्यू का नाम सुना है? शिकार के अनुभव पर एक मोटी और मशहूर किताब लिख गए हैं अंग्रेजी में। उसमें देखना...पब्लिक लायब्रेरी में है वह किताब...देखना, पृष्ठ बारह, बाईस, चालीस और पचपन में मेरा जिक्र है। ग्रुप तस्वीर में मुझे देखकर नहीं पहचान सकता कोई अब!...राजा साहब शिकार के अलावा संगीत की भी चर्चा करते थे। उनकी शिकार पार्टी में जेफरी कॅर्डाइन 333-बोर रायफल के साथ सितार की भी आवश्यकता होती। तीन-चार बड़े उस्ताद और दर्जनों शिष्य उनकी ड्योढ़ी में पलते थे। मेरे गुरुजी पंडित शिवबालक झा उसी दरबार के गायक थे।..."

गीताली ने अपनी घड़ी देखी। घुघलू इस बार एक गिलास में चाय बनाकर ले आया। बोला, "इस कथा को सुनाते समय मेरे उस्ताद इसपिसल चाय पीते हैं।"

जेब से एक गन्दा रूमाल निकालकर गिलास में लपेटते हुए यन्त्रकार ने गीताली की ओर देखा–"खुकी, तुमको देर हो जाएगी, फिर किसी दिन सुना दूँगा कि कैसे हिरणों के झुंड दौड़ते आए थे।..."

गीताली हँसी थी–"आधी कहानी सुनने से आधे सिर में दर्द होता है।"

"सुनने से या सुनाने से? जो भी हो, मैं निश्चिन्त हूँ। सिरदर्द से डरें सिरवाले। हम पेटवाले हैं।..."

गीताली फिर हँसी।...जब-जब गीताली हँसती, यन्त्रकार की दाहिनी कनपटी के पास की चमड़ी नाचने लगती। झुर्रीदार विकृत चेहरे पर एक चमचमाहट छा जाती।

"तो सुनो।..."

...उस बार गुरु ने कृपा की दृष्टि हाराधन पर भी फेरी। शिकारपार्टी में साथ चलने का आदेश दिया। अब, जंगल में मंगल मनाने की कितनी कहानियाँ सुनाए हाराधन! लिखने से एक मोटी किताब तैयार हो सकती है।...राजा साहब असली शिकारी थे।

...नेपाल की तराई के मधुमारा जंगल में किरात-सरदार ने चीतलों का शिकार करके दिखाया था।...तराई के जंगलों के बीच थोड़ी-सी खुली जगह, जिसको 'ग्लेड' कहते हैं अंग्रेजी में! चाँदनी जहाँ लम्बे-लम्बे शाल-वृक्षों की फुनगियों पर टँगती नहीं रहती, श्यामल-मसृण घास पर बिछ जाती है। पास ही बहती हुई पहाड़ी नदी, जो कलकल-कुलकुल नहीं करती। हवा फुसफुसाकर बात करती है।...चाँदनी, चैत की! प्रकाश में एक ठूँठ विस्मित-सा खड़ा है। छाया में कोई इशारे से कुछ कहता है और सारी तराई में, तराई के जंगलों में एक दर्द-भरी पुकार मँडराने लगी।...कामातुरा हिरणी की पुकार! नदी के शीतल जल से प्यास बुझाते हुए चीतलों के मन-प्राण में एक दूसरी प्यास जल उठती है, दपदपाकर। हिरणी रह-रहकर पुकार उठती है।...चाँदनी में नर चीतलों के झुंड दिखाई पड़े।...हर चीतल की देह के चकत्ते स्पष्टतर हो जाते हैं। प्रकाश में खड़ा ठूँठ विस्मय अथवा आवेश से हिलता-डुलता है।

छाया में फिर कोई इशारा करता है–सिस्-सिस्!...फिर चाँदनी में तारों की चमक...खच्च-खच्च...!

...इसके बाद, मृत-प्रेमियों की लाशों से अपना-अपना तीर खींचकर किरातों के दल नाचने लगे–हा-हिरा-हा-हिरा-हा-हिर्र-र-र-र–ा-ा!

...एक मादा-चीतल को बचपन से पालकर, नकली पुकार पुकारने की बाजाब्ता शिक्षा दी जाती है। उस्ताद हिरणी के गले के नीचे उँगलियों से फुरहरी लगाता रहता है और हिरणी समय-असमय पुकार उठती है।

...इस शिकार को देखने के बाद राजा साहब अस्वस्थ हो गए थे। पता नहीं, उन्होंने इस पद्धति से फिर कभी शिकार किया या नहीं, हाराधन के सिर पर इस शिकार का भूत सवार हो गया था, किन्तु कामान्ध चीतलों की चीख, कराह, छटपटाहट और दम तोड़ना देखकर उसके अन्दर का किरात आनन्द से किलकिला उठा था!...संगीत-साधना छोड़कर हाराधन किरात-सरदार के साथ भाग गया।

...हर साल चैत की चाँदनी रातों में तीन-चार बार यह शिकार होता है। शिक्षिता-मादा-चीतल के साथ उसके शिक्षक की भी पूजा करते हैं किरातगण। ऐसी हिरणी बहुत कीमती और अलभ्य सम्पत्ति समझी जाती है।...साल-भर तक हिरण के मांस का सुखौता, आग में भूनकर खाते समय हर किरात 'हा-हिरा' कहकर उसको स्मरण करता है।...उस बार तीनों-चारों शिकारों में हाराधन किरातों के साथ रहा। साल-भर किरातों के साथ रहकर भी वह मादा-चीतल को शिक्षा देने का भेद न सीख सका। एक नम्बर पहाड़ के जितने भी पहाड़ी गाँव थे, उन सभी गाँवों के बीच बस एक ही मादा-चीतल थी और उसका मालिक ही एकमात्र गुणी। मूलधन हिरणी!

...किन्तु हाराधन ने इस मूलधन को सस्ता कर दिया, अपनी साधना से। मादा-चीतल की क्या आवश्यकता? हाराधन कामातुरा मादा-चीतल की तरह पुकार सकता है।...किरात-सरदार ने परीक्षा के लिए शिकार का आयोजन किया। चैत की चाँदनी ही क्यों, जब चाहो तब शिकार करो। बारहों महीने...।

...चाँदनी रात! रात का अन्तिम पहर...ब्रह्मवेला में हाराधन ने पहली पुकार दी थी–अविकल-नकल!...चतरागद्दी के पास, कोसी के किनारे की

सफेद-हरी भूमि पर दर्जनों चीतल दौड़ आए थे।...खच्च-खच्च...!

...हाराधन की पूजा होने लगी, एक नम्बर पहाड़ में। इलाके की सबसे अधिक सुन्दरी उसकी सेवा में तैनात हुई।...किरात-सरदार उसकी जान का दुश्मन हो गया।...उस बार भीषण भूकम्प हुआ था–1934, जनवरी। भूकम्प के तीसरे दिन सभी किरातों ने स्वीकार कर लिया–यह दैवी कोप हाराधन के कारण ही हुआ है।

...भगवती की कृपा! नारी की कृपा से उसकी जान बची।...मृगचर्म बगल में दबाए गुरु की सेवा में उपस्थित हुआ। गुरु के सामने, राजा साहब के बाग में अपने कंठ की कला प्रस्तुत करके एक नई विपदा की सृष्टि कर दी उसने।...उस बार चीतल का शिकार देखकर राजा साहब किसी मानसिक रोग के शिकार हो गए थे। बहुत दिनों तक इलाज होने के बाद कुछ स्वस्थ हुए ही थे कि हाराधन की पुकार सुनाई पड़ी। राजा साहब फिर अस्वस्थ हो गए।...पुराने शिकारी थे! आवाज सुनते ही चीख पड़े–वही, वही मादा-चीतल, छलिनी हिरणी, डायन स्पॉटेड डियर, चित्रा...! एक्सप्रेस-500 रायफल हाथ में लेकर शब्द-भेदी निशाना लेकर फायर किया। हाराधन अपनी पुकार से सम पर आ ही रहा था...उसके गुरु पंडित शिवबालक के कलेजे में एक सॉफ्ट नोज्ड एक्सपैंडिंग बुलेट आकर घुस गया। हाराधन के गुरु-शिष्य द्वारा समर्पित मृगचर्म पर बैठे थे।...चीतल के चमड़े पर आज भी खून के दाग हैं।...हाराधन भागा। जहाँ जाता, ऐसी ही अघटक घटनाएँ घटने लगीं।

कान पर हाथ रखकर हाराधन ने आँखें मूँद लीं। बोला, "तब से, तभी से, गले में एक कर्कश धातव खनक पैदा हो गई।...मैंने वाणी को कलंकित जो किया था!...सुर बाँधने का काम करने लगा। लेकिन...लेकिन...!"

घुघलू एक पुराना मृगचर्म ले आया अन्दर से। यन्त्रकार ने कहा, "यह उस चंचल युवा नर-चीतल की खाल है जो चार-चार तीर सीने पर खाकर भी मेरे पास पहुँच गया था। मेरे सामने इसने अपनी टाँगें फेंक-फेंककर जान दी थी।...गुरुजी इसी पर बैठे थे, क्षण-भर!"

हाराधन यन्त्रकार ने मृगचर्म को उठाकर श्रद्धापूर्वक सिर छुवाया। फिर गीताली के सामने रखकर बोला, "उस स्वर्ण-मृग का क्या नाम था, मारीच?...और सीताजी को उस मृगचर्म पर बैठने की वासना या लालसा ही

क्यों हुई? रामायण में कहीं है लिखा हुआ कुछ?...कोई साधना करने के लिए ही, सम्भवतः!"

हाराधन यन्त्रकार ने नेपाल तराई की श्यामल वन्य भूमि, वहाँ की हरी-भरी माया की डोरी से अपनी कथा को बाँधते हुए कहा था, "खुकी!... नातिन ही कहूँगा अब, नाना मानती हो तो! अच्छा, अच्छा! कल भी आओगी? बहुत अच्छा!..."

दूसरे दिन भी गई, गीताली। यन्त्रकार ने मिलते ही गीताली की हथेली देखने की इच्छा प्रकट की। गीताली ने अपने दोनों हाथों की तलहथी फैला दी।

"...हुँ-ऊँ! तुम्हारी दीदी मीताली जो कुछ नहीं कर सकी, वह तुम्हारे द्वारा सम्भव होगा। निश्चय!" गीताली ने देखा, यन्त्रकार उसकी दीदी के संगीत-जीवन की छोटी-बड़ी बातों के अलावा जीवन की छोटी-बड़ी घटनाओं से भी वाकिफ है। यन्त्रकार ने कहा था, "नातिन, बुरा मत मानना। तुम्हारी दीदी ने उस टमाटर-जैसे आदमी से ब्याह करके सबकुछ नष्ट कर दिया।... ऐसे खटमल को देखा है, जो खून चूसकर लाल-गोल बूँद जैसा हो जाता है? खटमल ही है वह व्यक्ति! तुम्हारी दीदी का सबकुछ चूस लिया।...क्या? साहित्यिक है? वह क्या बला है...?"

बातचीत के बीच में कभी-कभी यन्त्रकार ऐसे ही उखड़ी-उखड़ी बातें करने लगते हैं। अपने जमाय बाबू की टमाटर और खटमल से तुलना सुनकर उसे जरा भी दुख नहीं हुआ। उसने सहमति में अपनी गरदन हिलाई—"ठीक कहते हैं आप! बला ही है।...दीदी भोग रही हैं। तिल-तिल कर मर रही हैं।..."

संगीत-जगत् से दिलचस्पी रखनेवाले लोग असमय में विलुप्त हुई मीताली की प्रतिभा के लिए विभिन्न जनों को दोषी मानते हैं। कोई उनके गुरु का दोष बताता है, कोई उनके अकाल-मातृत्व की दुहाई देता है, किन्तु मीताली के पति की ओर कोई उँगली तक नहीं उठाता...जबकि दीदी की जिन्दगी में घुन इसी व्यक्ति ने लगाया।...'शुचिबाय', पवित्रता का वहम!... जमाय बाबू को 'विशुद्ध' बोलने का मुद्रादोष है। अशुद्ध? विशुद्ध...संकुचित मुख-मुद्राएँ!...दीदी अब बाथरूम में ही गाती हैं। हाथ की उँगलियों की ओर

तलहथी की चमड़ी हमेशा पानी में रहने के कारण सिकुड़ी रहती है।... दिन-भर कपड़े धोती हैं।...

घुघलू भी पहचानता है मीताली दी' को। बात में फोड़न देते हुए बोला, "जिस आसर (महफिल) में मीताली दी' का प्रोग्राम होता था, उसमें एकाध बार लाठी जरूर चलती थी भीड़ पर।...क्या हो गया?..."

होगा क्या? उनके पतिदेव संगीत सुनकर ही मुग्ध हुए थे। संगीत में भी ठुमरी! मीताली दी' की ठुमरी में कुछ ऐसी विशेषताएँ थीं, जिनके कारण, उन दिनों मीताली-ठुमरी नाम की एक नई धारा ही प्रचलित हो गई थी। विवाह के बाद सर्वकला-मर्मज्ञ पतिदेव ने प्यार से समझाया–"मीताली रानी, ठुमरी ही गाती हो तो विशुद्ध ठुमरी गाओ।" पतिदेव की इच्छा! फिर क्या, दीदी धीरे-धीरे एक राग-विशेष के आश्रय में रियाज करने लगीं। लखनऊ और बनारस की ठुमरी बिना किसी मिलावट के सुनाने लगीं।...गुरुजी ने विरोध किया था। उन्होंने मीताली दी' के पति को समझाने की चेष्टा की थी–"ठुमरी को आंचलिक संगीत के प्रवाह ने ही अब तक पुष्ट किया है। खयाल की अनुगामिनी मात्र नहीं है। देहाती सुर से समन्वित ठुमरी, उस्ताद बड़े... ।"

"बड़े-बड़े उस्तादों की बड़ी-बड़ी बोलियाँ मत सुनाइए पंडितजी! मैं ठुमरी का इतिहास जानता हूँ।...सवाल है विशुद्धता का!...ठुमरी के नाम पर वर्णसंकर चीजें सिखानेवालों को मैं संगीतज्ञ नहीं मानता।..."

मीताली दी' खड़ी गुरु की फजीहत देखती रहीं। कुछ बोलीं नहीं!

अब तक मीताली दी' अपनी काफी या खम्माच की ठुमरी में कभी कीर्तन, कभी भठियाली और कभी पूर्वी का स्पर्श लगा देती थीं। उनकी प्रसिद्धि का एकमात्र रहस्य यही था। मूल राग से आँख-मिचौली खेलती हुई छोटी-छोटी, आंचलिक रागिनियाँ अजाने ही श्रोताओं को मोह लेतीं।... मीताली दी' ने निर्दयतापूर्वक उनका परित्याग किया।..."क्या सुबह-सुबह बाजूबन्द खुलि-खुलि जाए खुलि-खुलि जाए...! मीताली रानी! बन्द करो, भगवान के लिए।"...ठुमरी...बहुरूपी...! जिस बेसेन्ट-हॉल में उनकी प्रतिभा का उदय हुआ था, उसी मंच पर अस्त भी हुआ। गीताली कैसे भूल सकती है उस रात को। उस दिन गीताली के घर मातम छाया हुआ था। गुरुजी

फूट-फूटकर रो रहे थे...शरदोत्सव संगीत-समारोह में मीताली दी' अलाप के अंग को पूरा भी नहीं कर पाई थी कि हॉल में कुत्ते-बिल्ली की बोलियाँ प्रतिध्वनित होने लगीं। तरह-तरह की फब्तियाँ–"मेटेरनिटी सेंटर में भेजो!"... कंडेम्ड-माल बंडल!...!"

तीन दिन के भूखे-प्यासे-हारे गुरुजी के सामने गीताली ने प्रतिज्ञा की थी। उसी दिन गीत-व्रत लिया था गीताली ने। सरल-सुगम-सहज-संगीत को स्वतन्त्र मर्यादा दिलाएगी!...मीताली दी' की परित्यक्ता रागिनियों को उदारतापूर्वक आश्रय दिया उसने।...

रेडियो से समाचार प्रसारित होने लगा तो मीताली को समय का ज्ञान हुआ। वह चुपचाप बैठकर यन्त्रकार को काम करते देख रही थी। यन्त्रकार आँखें मूँदकर बैठ गया।...समाचार सुनते समय वह इसी तरह आसन लगाकर बैठता।..."विशाल विश्व-यन्त्र को स्पर्श करने का सुख अनुभव करता हूँ, समाचार सुनते समय! समझी नातिन!..."

इसके बाद घुघलू ने रेडियो बन्द कर दिया। गीताली के तानपूरे को गोद में लेकर यन्त्रकार ने कहा, "देखती है, इसमें सिर्फ चार ही तार हैं। किन्तु इन्हीं चार तारों से सात स्वर उत्पन्न होते हैं।...तुम्हारी दीदी ने सहायक नाद की उपेक्षा की। तुम ऐसा न करना। सौभाग्य से यन्त्र तुम्हारा उत्तम है।..."

इसके बाद यन्त्रकार गीताली के तानपूरे से उलझ गया। "...'प' स्वर में बँधे हुए तार से 'ध नि रे' ही सहायक नाद के रूप में झंकृत होगा। 'सा रे ग प' क्यों?...और इसी के साथ तुम अखिल भारतीय सुर-संगम-समारोह में भाग लेने जा रही थीं? राधे-राधे!..."

गीताली को राधेश्याम की याद आई, राधे गिटारिस्ट! जो प्रतिभा विकसित होने के पहले ही शेष हो जाए, उसके लिए किसको दुख नहीं होगा?...पँचरंगा जैकेट और तलवार कट मूँछें! उन दिनों गीताली के घर बहुत आता-जाता था। गीताली के कई गीतों के साथ उसने संगत भी की थी।... उस दिन यन्त्रकार के यहाँ से लौटी तो राधेश्याम प्रतीक्षा में बैठा हुआ था, जाने कब से। माँ रामकृष्ण आश्रम में कीर्तन सुनने गई थी।...राधेश्याम! राधेश्याम के चेहरे को उसने गौर से देखा था। यन्त्रकार के कथनानुसार हर कलाकार के मुख-मंडल के इर्द-गिर्द सुरलहरी काँपती रहती है। सिम्फनी

कन्सर्ट के कंडक्टर मिस्टर रैंकिन को पहली बार देखते ही हाराधन यन्त्रकार ने उसके चेहरे के आसपास लहराती हुई सुर-लहरी को देखा था। 'सी' माइनर से 'ई' फ्लैट...पियानो, हॅर्न, ओबो...क्लारिनेट...।

राधेश्याम के मुख-मंडल के पास सुर-लहरियाँ लहरा रही थीं। वह पीकर धुत्त था। गीताली की चुप्पी का गलत अर्थ लगाकर उसने लड़खड़ाती हुई आवाज में कहा था—"डा-र्लि...!...डि-ड्-डि-डि-डि-डा-डि-डा डि-डा-आ-आ!... गी-टा ली, माई गिटा-आ!"...अकराम के 'अर्चना के बोल', शंख-घंटाध्वनि, धूप-गन्ध...राधेश्याम की गिटपिटाई बोली और शराब की गन्ध!...गीताली के सबसे छोटे भाई की उम्र का यह राधेश्याम!

इतनी हिम्मत इसकी! गीताली चुपचाप अन्दर चली गई थी।...

राधेश्याम से पीछा छुड़ाया, तो जमाय बाबू के एक मित्र का आविर्भाव हुआ। गीतकार थे। जीजाजी के शिष्य थे।...उन्होंने गीताली की जिन्दगी के सभी गीतों का ठेका लेने की बात चलाई।..."कहो तो दिन में पाँच मधुर गीतों की रचना करके दिखा दूँ। तुम गीत-गीत की पंक्ति-पंक्ति में तीन बिन्दियों-सी बिखरी हो, सजनी-ई सजनी-ई, तुम...!"

राधेश्याम एकाध फिल्मी धुन को लेकर जी रहा है। जमाय बाबू के गीतकार शिष्य को कोई सजनी मिल गई होगी!...

अकेली गीताली! गीत गूँथती, सुर देती, गाती।...दस वर्ष से गा रही है। यन्त्रकार ने एक और बात बताई थी—"गन्ध! गीतों से गन्ध का परिवेशन कर सको, ऐसी साधना करो!..."

तीसरे दिन यन्त्रकार का मूड बदला हुआ था। घुघलू बाहर था। गीताली चुपचाप कमरे के कोने में बैठ गई। अखिल-भारतीय-सुर-संगम-समारोह की अन्तिम तिथियों की घोषणा हो चुकी थी। गीताली ने यन्त्रकार से कहा, "नाना, आशीर्वाद दीजिए! निमन्त्रण मिला है।"

घुघलू एक दोने में घुघनी और कचरी ले आया। देखते ही यन्त्रकार का मूड सुधर गया। अन्दर से गीताली का तानपूरा ले आया घुघलू। बहारदार खोल से निकालकर गीताली की ओर बढ़ा दिया यन्त्रकार ने—"लो! सुधर गया है। सबको सुधार देगा! इसकी पूजा नहीं, तो इज्जत जरूर करना!"

गीताली ने उँगलियों से तारों का स्पर्श किया। हाराधन यन्त्रकार ने

इधर-उधर देखकर कहा, "मेरी एक बात मानोगी? अपनी उँगलियाँ छूने दोगी?...हाँ-हाँ...नातिन को अचरज हो रहा है कि बूढ़े की यह क्या आदत, कभी तलहथी देखना चाहता है, कभी उँगलियाँ छूना चाहता है। हो-हो?..." गीताली की उँगलियों को उसने अपने सिर से छुलाते हुए कहा, "मुझे भय था, तुम्हारे नाखून काटने का ढंग गलत तो नहीं!"...उँगलियाँ पकड़े ही हँसकर पूछा था, "की नातनी? मने की बाजछे? क्यों? क्या बज रहा है मन में? क्या कहता है मन? किस सुर में..."

उस दिन गीताली ने हँसकर जवाब दिया था—"कहो, कोई अजानी रागिनी तो नहीं बजती!"...किन्तु आज?...आज वह सुनती है स्पष्ट—ऐसी रागिनी, जिसको वह बाँध नहीं पाती।...उसका यन्त्र नहीं हारता, वह हारने लगती है।...कहाँ है यन्त्रकार? है या...?

उस बार अखिल भारतीय-सुर-संगम-समारोह में सर्वोच्च स्थान प्राप्त करने के बाद ही नाना हाराधन यन्त्रकार को प्रणाम करने गई थी!...सुनकर अवाक् हो गई, घुघलू-सहित हाराधन यन्त्रकार फरार है। सुर-मन्दिरवालों ने औजार-पाती तथा बहुत-सी चीजों की चोरी का इल्जाम लगाकर रपट की है।...इसके बाद, दस वर्ष हो रहे हैं। '...नाना, मैं तुमको नानाधन कहूँगी। नानाधन! तुम अपना मृगचर्म मुझे दो। मैं इस पर बैठकर साधना करूँगी।'... 'करोगी?...करोगी? डरती नहीं? इस अशुभ मृगचर्म से तुम्हारा कोई अशुभ न हो जाए!...मृगचर्म को सिर से छुवाकर, गीताली ने एक ओर रख दिया।... इस पर बैठकर उसने साधना की है।...चीतल, चित्रा...चन्दन के चकत्ते...खून के धब्बे...डॉट-डॉट-डॉट!...

दस वर्ष बाद, आज नाना हाराधन यन्त्रकार को स्मरण करते समय मन इमन के पद-विन्यासों का व्यवहार कर रहा है।...गीताली अब स्वयं को एक यन्त्र समझती है। किसी अनचीन्हे की उँगलियाँ उसे छेड़ जाती हैं बार-बार!...अलख-मुखर-जगत् के व्यापार में बाधा पड़ी। तीनों जलती हुई बिन्दियाँ बुझ गईं। दरवाजे पर डाकिया पुकारकर चिट्ठियाँ दे गया।...कुमारी गीताली दास...'गीत महल'...!

हे देव!...हे देवी...यह क्या? यह सपना तो नहीं?...क्या यह सच है? भारत-प्रसिद्ध सितारवादक अकराम का प्रणय-निवेदन-भरा पत्र है यह

तो!...शंख-घंटाध्वनि...धूप-गन्ध! अर्चना के बोल!...ललित में!...विलम्बित-द्रुत!... यह कैसे सम्भव हुआ? दस वर्ष से छिपी हुई बात फैल गई!...माँ!...

अकराम के खत में स्वर है! इसकी पंक्तियाँ झनक रही हैं।...शंख और घंटाध्वनि के बीच अकराम का कंठ-स्वर सुनती है गीताली! चिरसंगी तानपूरे का सहारा लेती है वह। दोनों हाथों से जकड़कर पकड़ती है।...चारों तारों से अकराम का कंठ-स्वर प्रसारित होता है! '...गीताली! गीताली...मैं हूँ अकराम। पिछले आठ साल से सुन रहा हूँ, सुन रहा हूँ क्यों, उपभोग कर रहा हूँ तुम्हारे गीतों की गन्ध।...धान कूटती हुई, चक्की चलाती हुई, ढोर चराती हुई, सुन्दरियों की देह की नमकीन गन्ध, धान के खेतों की, पोखर और घाट पर पानी भरती हुई सुन्दरियों के आँचल की...गन्ध...सुगन्ध...किसी वनफूल की...सुरभिमय गीतों की गायिका ने मेरी घ्राण-शक्ति तेज कर दी है।...मैंने गीत-गन्धा और गीताली-गंगा नामक दो गीतों की रचना की है।... उस दिन, किन्तु तुमने कंजूसी की है, या...? ऐसा न करो। मैं तुम्हारे कंठ से अभी तक अनगाए गीतों का अवतरण कराऊँगा। गीत-गन्धा! मैं अपना सौभाग्य समझूँगा तुम्हारा साथ...'

और यह दूसरी चिट्ठी भी बोलती है खनकवाली आवाज!...खोये नानाधन-हाराधन '...ओ-गो नातिन! शिव प्रसन्न हुए हैं। आँखें खोलो।... पिछले सप्ताह, तुमको सुनने के बाद ही मेरे घर दौड़ा आया मास्टर! तुम्हारी नातिन का दिल छोटा हो रहा है या दिल चुरा रही है? लेकिन तुम्हारी चीज की गरमी उसकी रगों में उतरी हुई थी। बड़बड़ाने लगा मास्टर। आज तुम्हारी नातिन कचनार के पेड़ के नीचे घड़ा-भर मधु लेकर बैठी थी, गीत की किताब भी थी...किन्तु...अनेक किन्तु बोल गया...कृन्तण...यह छटपटा रहा है नातिन!...क्यों, मन में क्या बज रहा है...बाहर वसन्त? स्वयम्भू नाद की कृपा से सब! जाति-विचार? शिल्पी की जाति?...ग्राम-जाति-वादी-संवादी आदि राग को परखने के समय!...'

तीसरा खत गूँगा है!...पिछले तीन साल के शुभ अवसरों पर कलापूर्ण कार्ड आँककर भेज रहा है...कलाकार। रामकृष्ण आश्रम के वार्षिकोत्सव में मंडप और वेदी आदि की रचना करके मनहर राय ने सभी का मन मोह लिया था।...गीताली वेदी के पास घंटों चुपचाप खड़ी रह गई थी...क्षमा करना

मनहर, गीताली चिर-ऋणी रहेगी तुम्हारी।...तुम चाहते तो गीताली अपना सारा रंग लुटा सकती थी।...तुमने उन क्षणों का दुरुपयोग नहीं किया।...तीन वर्ष! तीन शून्य...गुमसुम रहे तुम, सब दिन। कलाकार!...गीताली सुरजीवी है। दस वर्ष पूर्व ही वह किसी के सुर में बँध चुकी थी।...फिर भी, तुम कुछ बोलते...। आज भी तुम्हारा खत कुछ नहीं बोलता।...अकराम शंख-ध्वनि कर रहा है...प्यारे मनहर!...अकराम! प्यारे अकराम! तुम कितने बड़े गुणी हो! तुमने कैसे जान लिया सबकुछ!...गन्ध? महाराज, ये तुम्हारी ही कृपा के फल हैं। 'अर्चना के बोल' सुनते समय मुझे जो धूप की गन्ध लगी थी! तुम्हीं ने यह गन्ध-परिवेशन किया है प्रथम बार! तुम्हारी ही चीज, तुम्हीं को...! लो, मैं यन्त्र हूँ! तुम्हारी हूँ! मुझे बजाओ, धन्य करो!...

गीताली ने पास पड़े तानपूरे के तारों को छूकर झंकृत कर दिया। मूल नाद से नौगुन ऊँचाई पर सहायक नाद उत्पन्न हुए।

...तुमने सुना होगा अकराम...नानाधन...घुघलू बैंड पार्टी में हॉर्न बजाता है...तुम सभी ने सुना...! गीताली अकराम के गले में गीतमाला डाल चुकी!...'ए' माइनर का तीव्र सुर...'एफ' मेजर का आनन्दोल्लास!...

गीताली ने परमहंस देव को नमस्कार किया। परमहंस देव के कथामृत से ध्वनि निकली–'मानुषेर मन जेन सरषेर पुटली।'...आदमी का मन मानो सरसों की पोटली!

गीताली की आँखों से आँसू झर पड़े। कंठ से एक अजानी रागिनी फूटकर निकल पड़ी।...

अलख-मुखर-जगत् में अकराम की पगध्वनि सुन रही है गीताली!...

●●●